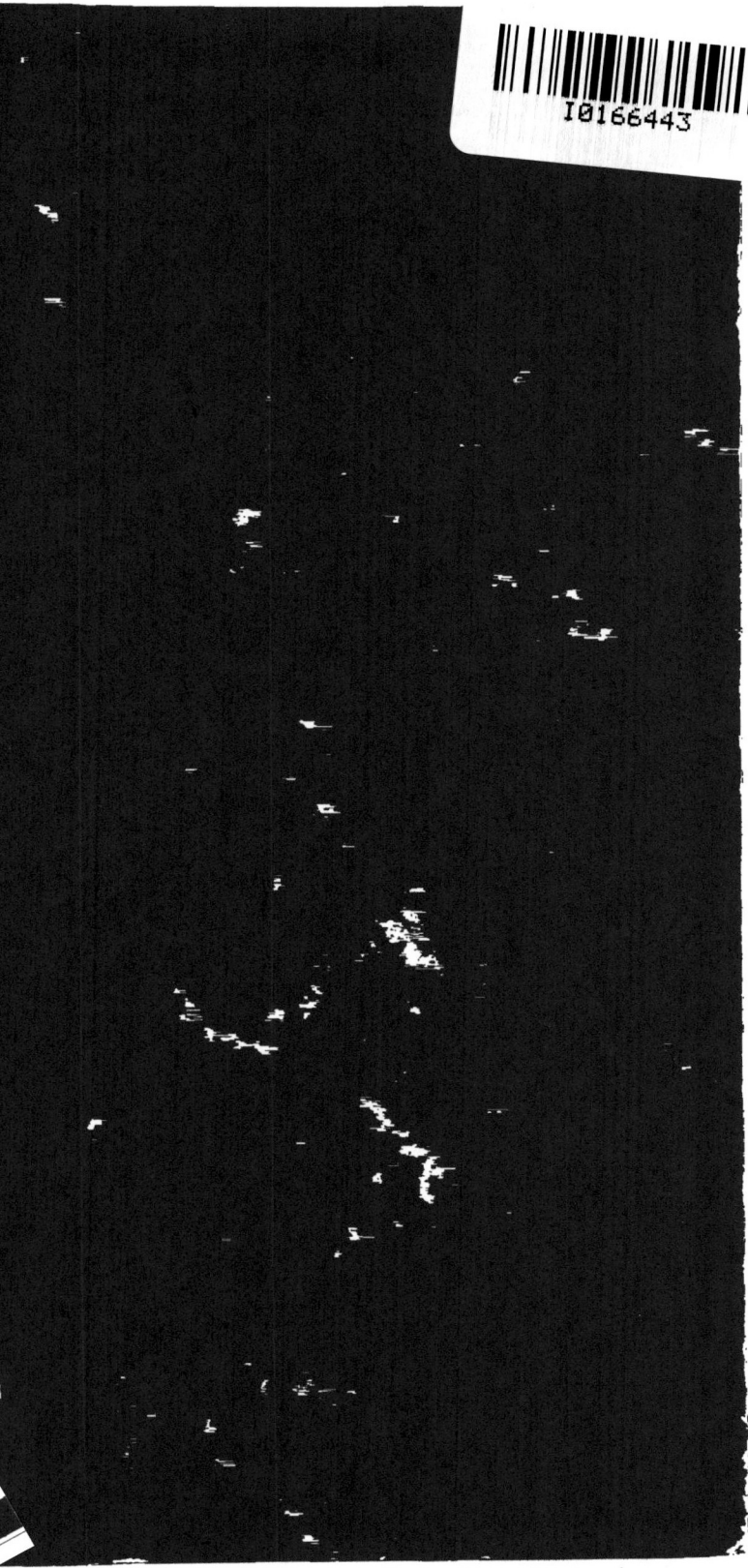

DE L'APPARITION DE LA VIERGE

IMPRIMERIE D'AIMÉ VINGTRINIER.

Quai Saint Antoine, 36.

DE L'APPARITION
DE LA VIERGE

SUR

LA MONTAGNE DE LA SALETTE

Que faut-il penser de cet événement
après le jugement des tribunaux de Grenoble.

Par A. RIVET,

Avocat,

Membre de la Société littéraire de l'Université de Louvain
ancien Directeur de l'Institut catholique de Lyon,

etc.

OUVRAGE SUIVI DU

RÉCIT D'UN PÈLERINAGE A LA SALETTE, EN 1854,

Par A. R.

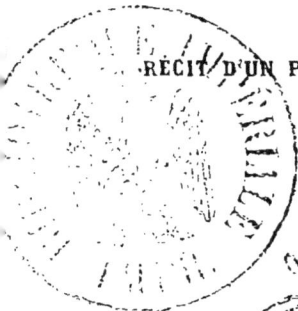

LYON

BRIDAY, ÉDITEUR-LIBRAIRE,

Place Montazet, n° 1,

en face de l'Archevêché.

1857

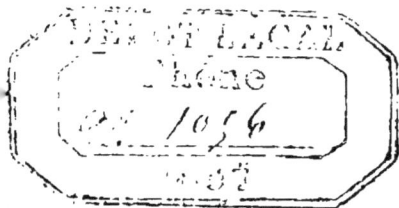

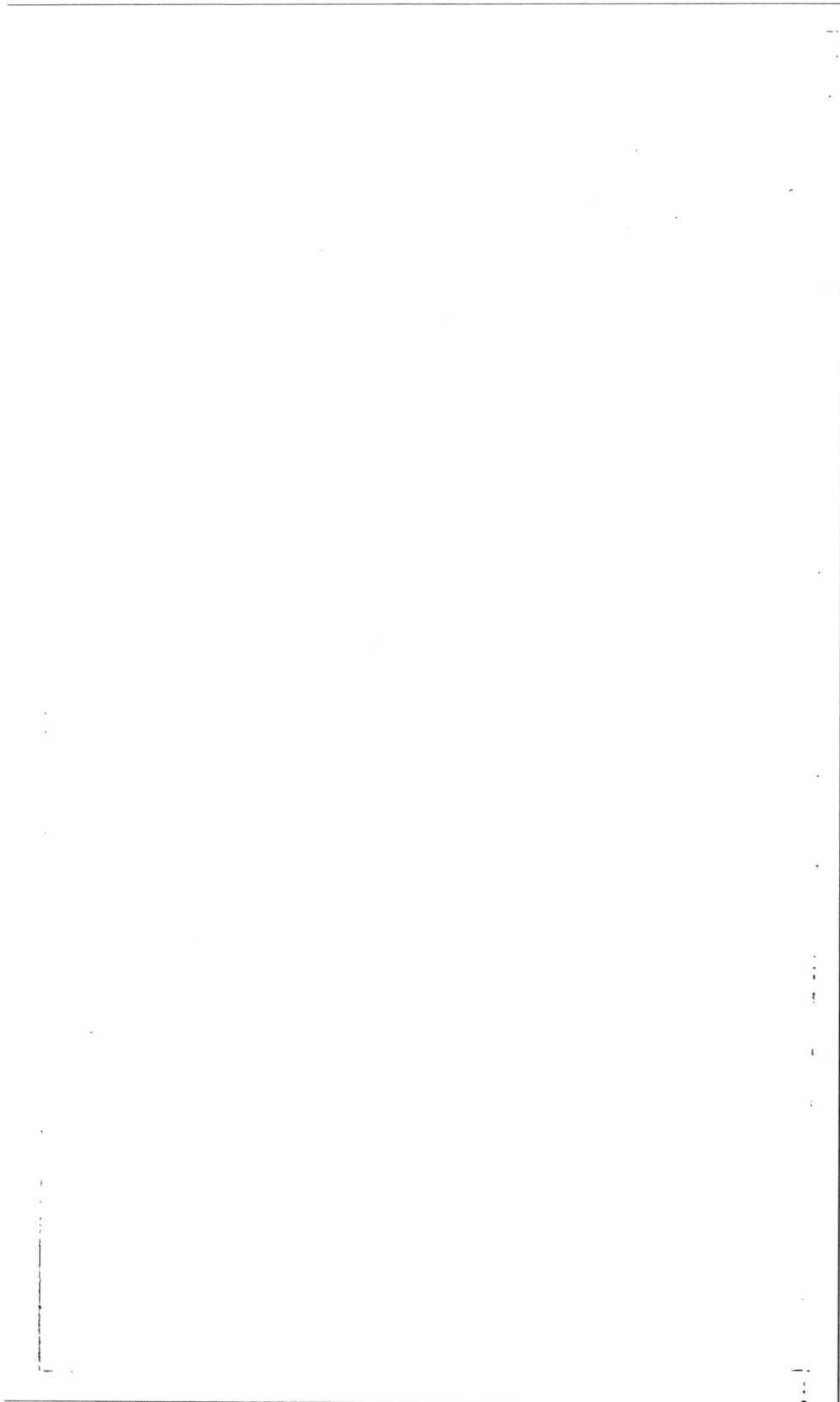

DE L'APPARITION

DE

LA SAINTE VIERGE

SUR LA MONTAGNE DE LA SALETTE

I.

DES MIRACLES, DE L'ÉGLISE ET DE SON AUTORITÉ.

Les miracles ont toujours été un des signes distinctifs de la véritable religion et comme les lettres de créance que Dieu donne aux apôtres de sa parole, aux ambassadeurs de la foi. On les trouve à l'origine du Christianisme; ils forment une des bases les plus solides de sa démonstration ; ils donnent la preuve la plus claire et la plus évidente de sa divinité. Toujours il s'est opéré des miracles au sein de l'Église

1

catholique, et jamais ce caractère céleste ne lui fera défaut jusqu'à la fin
des siècles. La croyance générale au
surnaturel est *naturelle* à l'homme.
Elle est l'expression du besoin le plus
impérieux de notre être et sert de fondement à la société tout entière. Cette
croyance n'est donc pas une illusion,
elle repose sur une vérité d'expérience
et de sens commun. Oui, il y a des
faits nombreux, palpables, faciles à
constater, soutenus d'admirables doctrines, de résultats prodigieux, des
plus hautes autorités du génie et de la
vertu, et qui défient évidemment toutes
les forces de la nature humaine, en
montrant leur origine vraiment divine,
au-dessus de toutes les lois du monde
sensible.

Le naturel et le surnaturel sont deux
ordres profondément distincts, quoique souvent intimement unis. Mais

la théologie, d'accord avec la raison, indique leur distinction et sait ordinairement la constater avec facilité.

Ajoutons que les faux miracles prouvent la réalité des véritables, comme la fausse monnaie démontre l'existence d'une monnaie de bon aloi, comme l'erreur suppose la vérité.

Les faux miracles, dit-on, font douter des véritables. Oui, ils peuvent porter au doute les esprits irréfléchis ou prévenus, mais ils confirment les hommes sérieux dans leur croyance à la réalité des miracles. L'erreur est à la vérité comme l'ombre est à la lumière. Par le contraste, l'une et l'autre mettent leur contraire plus en évidence, et leur différence est trop grande pour n'être pas aperçue. Rien de plus certain que les phénomènes surnaturels qui servent à établir la sainteté des serviteurs de Dieu, de ces hommes régénérés qui semblent avoir retrouvé les *droits de l'homme* sur la nature, que le péché d'Adam lui avait enlevé (1). Rien de mieux constaté que les miracles des saints dans les procès de leur canonisation, et il est impossible à la bonne foi de résister à la force des preuves qui les établissent ; les protestants en sont eux-mêmes convenus souvent. Mais l'ignorance du sauvage nie les merveilles de la civilisation qu'il ne comprend pas ; ainsi l'incrédule, enveloppé dans les nuages de ses passions et de ses préjugés, refuse de voir les merveilles bien supérieures du monde surnaturel, dont il détourne volontairement ses regards.

(1) En se révoltant contre Dieu, l'homme a cessé de régner entièrement sur les êtres inférieurs à lui: En se soumettant à Dieu, l'homme tend à dominer la nature et à retrouver son empire sur elle. La science, *fille de la foi,* participe souvent à cet empire, mais à sa manière.

Notre siècle croit aux mystères plus ou moins réels du magnétisme, aux merveilles et aux révélations des *tables tournantes*, et il refuse de croire aux miracles! Le monde surnaturel nous enveloppe de toute part, une ligne pour ainsi dire imperceptible nous en sépare (1); et pourtant l'incrédule, ne veut pas permettre à Dieu d'agir et de se manifester par eux!

Mais lorsque la foi, qui est l'assentiment de la raison à la vérité révélée, ne règne plus dans un cœur, elle cède la place à la superstition qui est elle-même la contrefaçon de la foi, et la protestation de notre nature, en faveur d'une croyance toujours nécessaire à l'âme et à la société pour se soutenir et pour vivre.

(1) On peut bien dire du monde surnaturel comme de Dieu, *in ipso vivimus, movemur et sumus*.

La raison appelle la foi, la foi déve-
loppe et perfectionne la raison ; ce sont
deux lumières d'inégale clarté, mais
qui puisent au même foyer ; elles ont
le même auteur, et bien loin d'être
opposées, partout où règne la foi chrétienne, la raison s'élève et se perfectionne ; lorsque la foi subit une éclipse
dans un pays, la raison s'obscurcit en
même temps, et même les sentiments
de la nature s'altèrent. On a dit : il faut
des miracles à l'imagination des peuples; oui, mais il faut aussi des preuves à la raison des peuples éclairés. Un
miracle inventé n'a pas de preuves. Or,
Dieu est lumière, il a fait l'imagination,
la raison et le cœur des hommes ; dans
sa puissance et sa bonté, il saura bien
donner aux peuples des miracles sus-
ceptibles de démonstration (1). Il saura

(1) Sans doute, les miracles sont rares , au-

bien apaiser la soif du surnaturel qui
les dévore. Tandis que les fausses reli-
gions, trouvant leur appui dans les passions et les préjugés, ne résistent pas
au libre *examen* vraiment digne de ce
nom, la religion véritable seule a des
preuves; elle repose sur des faits et
sur la raison; elle est l'expression de la
raison divine; elle est elle-même un
grand fait divin, visible à tous et rendu
permanent dans l'Eglise catholique.
Celle-ci constitue le christianisme po-

trement ils cesseraient d'être ce qu'ils sont et
n'auraient pas de raison d'exister, et c'est pour
cela qu'il faut les éprouver afin de connaître
leur origine; mais donner à la puissance et à la
bonté de Dieu les bornes de notre raison pour
limite en niant les miracles, c'est diminuer la
vérité de l'amour de Dieu pour les hommes et
par conséquent c'est diminuer l'amour des hommes pour Dieu et pour leurs frères. Il faudrait
donc renverser la plupart des sanctuaires élevés
à la mère de Dieu qui ont pour origine quelques miracles dûs à son intercession. Avec une

sitif, véritable et complet; l'Eglise, c'est
Jésus-Christ continué parmi les hommes pour relever l'humanité de sa
chute et la guérir de ses plaies.

Cependant, hâtons-nous de le dire,
un fait comme l'événement de la Salette, n'eût-il rien de miraculeux,
l'Eglise ne serait pour cela ni moins
belle, ni moins grande, ni moins ap-
puyée sur la vérité. De cette erreur il
ne résulterait rien contre d'autres miracles parfaitement établis. Sans re-

pareille doctrine on descend plus bas que le
jansénisme, ce protestantisme mitigé, et on ne
peut assurer que *l'on marche dans la voie de
son baptême.* Soyons fiers de notre époque, mais
précisément ne lui enlevons pas une de ses gloi-
res les plus pures, celle des manifestations divines faites pour l'éloigner du mal et la porter
au bien. Le temps n'est plus où la force de la
raison consistait à nier tout ce qu'elle ne *comprenait* pas. On *comprend* aujourd'hui qu'elle est
bien faible cette raison, lorsqu'elle n'aperçoit

monter à ceux de l'évangile (1), et pour
ne citer que des faits moins importants
et analogues à celui de la Salette, nous
regardons comme parfaitement dé-
montrées les apparitions de Notre
Dame, *au Laus*, en plein dix-septième
siècle, celles de sainte Anne à *Au-
ray*, etc. Il y a là une suite, un en-
chaînement d'événements, une foule
de témoignages capables d'obtenir
l'assentiment des hommes les plus
difficiles, lorsqu'ils n'ont pas de parti

pas de suite que beaucoup de choses la dépas-
sent, selon le mot de Pascal.

(1) Sans doute, il n'y a pas là, comme pour
les faits de l'Écriture sainte, des *témoins qui se
font égorger*, des miracles éclatants opérés en
présence de l'univers, une révolution morale
et bienfaisante qui change le monde, le fait visible et permanent d'une Église universelle, sainte,
une et apostolique, cette succession d'événements qui s'enchaînent aux doctrines, etc. Dieu
n'a pas voulu assimiler un simple miracle à ceux

pris d'avance contre la vérité. Autrement, toutes les conditions de la certitude seraient bouleversées. Ajoutons
encore que nos pères n'étaient pas
aussi crédules dans leur foi qu'on veut
bien le supposer. Le clergé a toujours
éprouvé la réalité des miracles comme
il le fait aujourd'hui.

_ Autrefois, la passion n'était pas
moins vive que la foi; les luttes, les
contradictions ne manquaient pas à l'é-
preuve, et bien souvent on disait comme au temps des apôtres: si cette œuvre
est divine, elle survivra à tous les
efforts de ses ennemis; si elle est pu-

qui servent de fondement au christianisme ; mais
cela n'était pas nécessaire dans cette circonstance,
et il suffisait d'une assurance moralement certaine pour proclamer la vérité de l'apparition.
D'ailleurs, dans le fait de la Salette on trouve
quelques caractères analogues, quoiqu'à un moindre degré de puissance, avec ceux que nous venons de signaler.

rement humaine elle ne résistera pas
et tombera d'elle-même. Bien loin de
favoriser l'erreur, la doctrine des miracles à contribué plus qu'on ne pense
à mettre la science sur la voie de la
véritable méthode scientifique que
l'Eglise suivait déjà bien avant que la
théorie fût formulée, puisque, de tout
temps, elle observait les faits et véri-
fiait leur cause : tant il est vrai que
l'idée religieuse a toujours été l'origine
des développements de la raison. Il fallait distinguer le miracle du prestige ou
du phénomène naturel, contre les hérétiques et les payens (1); il y avait dès-
lors un sage milieu à tenir entre une
aveugle crédulité qui approuve tout

(1) Le paganisme, en divinisant les causes se-
condes, interdisait à la science l'entrée du tem-
ple de la nature; il prenait l'autel pour la Divinité. Pour lui *tout était Dieu*, *excepté Dieu
lui-même*.

sans discernement et une incrédulité
non moins aveugle ou passionnée qui
veut tout nier. Si quelques faits étaient
douteux, plusieurs jetaient sur leur
origine une éclatante lumière, que la
bonne foi ne pouvait dissimuler. Oui,
la science moderne est fille du christianisme plus qu'elle ne le pense elle-
même, lorsqu'elle parvient à dompter
la nature sous le joug de l'homme, quoiqu'elle puisse abuser de son pouvoir
qui est, d'ailleurs, profondément dis-
tinct de la puissance de la sainteté (1).

(1) Il en est des sciences comme des arts et
de la civilisation, par rapport à l'influence du
christianisme *qui attire tout à lui*. La religion
est cause première dans la société qui restitue
toujours plus ou moins son esprit, comme Dieu
est cause première dans le monde qui reflète
plus ou moins son image. Il y aurait un beau
traité à faire sur l'influence de la foi, par rapport
aux sciences.

L'Eglise, conduite par l'esprit de Dieu, est toujours prudente, et plus on suppose notre temps favorable à l'incrédulité, plus elle veut apporter de soins, de ménagements, de précautions, dans ce qu'elle tolère, dans ce qu'elle approuve ou favorise.

On nous dit : « l'Eglise ne se regarde pas comme infaillible dans la constatation des faits, quand il ne s'agit ni du dogme, ni de la morale, ni du culte dont elle est dépositaire et gardienne. A plus forte raison, une Eglise particulière, quoique fort respectable, est sans doute bien moins infaillible encore dans ses décisions. »

Sans doute, l'Eglise n'impose pas à ses enfants la croyance de tous les faits qu'elle constate et sanctionne plus ou moins de son autorité. Cependant un catholique, bien pénétré de l'esprit du christianisme et

animé envers l'Eglise, sa mère, d'un
sentiment vraiment filial de respect
et d'amour, un tel fidèle reconnaît
toujours l'assistance divine que le
Verbe, selon sa promesse, donne toujours à l'Eglise son épouse, chargée
de continuer parmi les hommes la
mission de celui qui est venu pour
rendre témoignage à la vérité. L'E-
glise inspirée de Dieu emploie hu-
mainement tous les moyens de constater un fait, avant de rien décider.
Ne fût-ce donc qu'au point de vue
purement humain, ses décisions sont
toujours infiniment respectables. Lors
même que l'Eglise ne se déclare pas
infaillible ou qu'elle n'exige pas la
soumission absolue de ses enfants,
comment le fidèle pourrait-il, sans
présomption, la contredire, lorsqu'il
suit la voie d'autorité qui est ici celle
de la vérité, lorsqu'il sait que l'Eglise

est toujours conduite par le Saint-
Esprit, lorsqu'elle a pris, pour l'examen d'un fait, les mesures fixées par
le droit canonique, et qui pleines de
sagesse et de prudence, sont bien
capables de satisfaire les plus exi-
geants.

Dieu donnerait-il moins de lumière
à son Eglise qu'à ses ennemis ! Per-
mettra-t-il à l'erreur de prévaloir où
d'usurper? souffrira-t-il que les épreuves qui toujours s'attachent à ses
œuvres, viennent étouffer la vérité?

Si le miracle de la Salette est véritable, Dieu veut qu'il soit connu ; il
a dû, sinon lui donner tous les caractères de la certitude la plus absolue,
comme aux faits évangéliques, au
moins l'entourer d'un cortége de *raisons* capable de déterminer l'adhésion
d'un homme raisonnable. S'il a permis d'abord une supercherie, fruit de

la malice des hommes, il ne permettra
pas qu'elle soit confondue avec la vérité, et il saura bien distinguer celle-
ci par des marques évidentes et nette-
ment accusées. Chaque fait doit être
prouvé par le genre de preuves qui
convient à sa nature et à son importance. Quoique la croyance au miracle
de la Salette soit libre, cependant il
faut agir de bonne foi et consciencieu-
sement dans son examen. La vérité
ne craint qu'une chose, c'est d'être
condamnée par ignorance , et elle
appelle la lumière.

Le fidèle doit, ce nous semble,
suivre ici la voie d'autorité, en accordant à son témoignage , dans
cette circonstance, toute l'importance
qu'elle lui accorde elle-même, ni plus
ni moins.

Y a-t-il des faits sur lesquels l'Église
a le droit de prononcer?

Y a-t-il une autorité suffisante pour nous guider raisonnablement dans notre opinion?

Il est évident que le fait de la Salette peut être jugé par l'Eglise, et puisque l'autorité compétente a procédé par l'étude du fait et de ses circonstances avant d'adopter une décision, les preuves qui ont déterminé son adhésion doivent entraîner notre suffrage.

« Mais l'erreur n'oblige pas, dit-on, et il y a possibilité d'erreur dans l'examen du fait.» — Il ne s'agit pas ici d'un dogme, mais d'un fait reconnu véritable par l'autorité compétente dont le témoignage doit l'emporter dans l'esprit des adversaires du miracle, à moins qu'il n'y ait de leur part certitude de la fausseté de l'apparition; alors qu'ils démontrent l'erreur à l'autorité compétente; elle ne reculera pas

devant un aveu si des preuves suffisantes l'exigent. En attendant, la présomption est en faveur de l'autorité, et
elle demande au moins de la réserve de
la part d'un subordonné. S'il y a erreur,
Dieu n'en demandera pas compte à une
Église particulière qui a agi selon les
règles canoniques; moins encore, ceux
que l'obéissance oblige seront–ils res-
ponsables?

Ceci posé, je ne crains pas d'affirmer hardiment que si le fait de la Salette ne peut être classé parmi les miracles avec une certitude absolue,
néanmoins il doit emporter notre assentiment, comme étant d'une probabilité qui s'élève, pour ainsi dire, jusqu'à la certitude morale. Il peut être
discuté et ne sera jamais article de foi
(un fait peut d'ailleurs être certain,
sans devenir un dogme). Mais une foi
humaine lui semble acquise, et il mé-

rite notre respect, au moins jusqu'à plus ample information de l'autorité.

Voilà notre profession de foi préliminaire que nous soumettons à l'Église catholique dont nous sommes l'enfant docile.

Parmi les adversaires du miracle de la Salette qui appartiennent à la religion catholique, les uns penchent pour la négative par légèreté, sans trop savoir pourquoi ; ils se retranchent fièrement derrière le préjugé des vaines apparences ; un examen coûterait trop à leur paresse ; si peu de gens se livrent à l'étude approfondie d'un fait avant de se permettre un jugement ! Quelques-uns trouvent qu'une petite allure d'esprit fort ne leur sied pas trop mal en réalité, et ils se pavanent avec complaisance dans leur incrédulité. Il est d'ailleurs si doux de résister à l'autorité, lors-

qu'il peut être permis de le faire,
sans se séparer de l'unité! Quelques
autres enfin subissent l'influence du
jansénisme au cœur dur, qui toujours *ennemi des tendresses du Sauveur des hommes*, est porté à les taxer
de folie. Mais la prudence de tous ces
sages du monde vient encore échouer
contre la logique des miracles et la
folie de la croix.

Examinons donc brièvement à notre
tour ce qu'il faut penser de l'événement de la Salette, que nous supposons
parfaitement connu de nos lecteurs,
après les ouvrages remarquables qui
l'ont raconté si souvent. Nous n'avons
pas la prétention de faire mieux que
nos prédécesseurs, mais uniquement
de résumer en peu de mots quelques
preuves qu'un jugement récent des
tribunaux semble faire oublier, quoiqu'il ne décide en aucune façon de la

réalité ou de la fausseté du miracle en question.

Après avoir démontré la possibilité et la convenance de l'événement, donnons les preuves extrinsèques ou d'autorité qui doivent attirer l'adhésion du simple fidèle ; puis jetons un coup d'œil sur quelques preuves intrinsèques qui établissent le miracle, tout en répondant à quelques-unes des objections dont il est l'objet, et qui sont tirées des circonstances de l'apparition.

II.

POSSIBILITÉ ET CONVENANCE DU MIRACLE
DE L'APPARITION.

Et d'abord le miracle d'une apparition de la Vierge à de pauvres bergers est possible ; bien loin d'avoir
rien qui répugne à la puissance, à la
justice et à la bonté de Dieu, il suppose la miséricorde qui se compose de
ces trois attributs; la miséricorde dont
la Vierge Marie est la mère et la
reine (1). On trouve dans l'histoire ec-

(1) Voici comment Me Bethmont, l'adversaire
de Me Jules Favre dans l'affaire de Mlle de Lamerlière, parle de la sainte Vierge : « Marie est une

clésiastique beaucoup de faits analogues fort bien établis, contre lesquels on ne peut élever de doutes raisonnables, et qui sont l'origine de pélerinages illustres dans toute la chrétienté. Rien dans cet événement qui ne lui permette pas d'entrer dans l'économie des œuvres de Dieu. On dirait que le ciel veut protester, par l'apparition de sa reine, contre le matérialisme des écoles philosophiques et les tendances sensualistes du siècle. Et l'Église de la terre répond à son tour au ciel en exaltant l'humble bergère de Pibrac, en

des images les plus poétiques, les plus souriantes qu'on puisse voir; Marie est cette femme pure entre toutes les femmes, à laquelle on ne s'adresse qu'avec les pensées les plus délicates, les expressions les plus suaves. Marie! s'il était permis de parler d'elle autrement que dans la prière, on pourrait dire qu'elle a été une des plus ravissantes créatures que le Seigneur ait pu faire apparaître au milieu des hommes. Pour

plaçant sur ses autels Germaine Cousin ; en créant un nouveau pèlerinage qui repose sur le témoignage de deux pauvres bergers, comme celui-ci repose sur la vérité ; en proclamant le dogme magnifique de l'Immaculée Conception de la glorieuse Vierge Marie, mère de Dieu.

Le but de l'apparition est de ramener les hommes à la pénitence dont elle rappelle la forme la plus usuelle, et à l'observation des lois *fondamentales* de la Religion qui peuvent assurer toutes les autres : le respect du saint nom de Dieu, l'observation du dimanche, etc. La Vierge s'adresse

composer sa divine image, on ne nous la représente qu'avec un enfant et aux pieds de la croix qui nous sauve. L'imagination de tous les peuples chrétiens lui a consacré le plus beau mois de l'année, le mois de mai est chez tous *le mois de Marie*. » Pardonnons à l'inexactitude, en faveur de la beauté du langage et du sentiment.

à tous les hommes par l'entremise de deux pauvres bergers, et les engage à appaiser la colère divine ; des menaces *conditionnelles* confirment cette fin, toujours digne de Dieu et de la Mère du Sauveur.

Le choix des bergers est d'ailleurs conforme aux vues de la Providence, qui se sert des plus humbles instruments pour mieux démontrer sa puissance et confondre la sagesse et l'orgueil du monde. A Bethléem, les bergers furent aussi appelés par les anges avant que l'étoile conduisît les mages à l'étable qui fut le berceau du Rédempteur. De pauvres pêcheurs sont choisis avant les grands de la terre pour être les apôtres du Christ.

Plus on suppose les enfants légers et inconstants, plus leur conduite est frappante lorsqu'il s'agit de l'événement qui laisse leur liberté morale

pleine et entière et ne leur donne
d'ailleurs ni brevet de sainteté ni assurance contre des erreurs futures.
Quand il s'est agi de l'apparition,
ils ont résisté aux épreuves les plus
capables d'ébranler la naïveté et la
faiblesse de leur âge ; mais ils peuvent succomber à l'orgueil ou à
l'illusion, et ne pas correspondre à
la grâce qu'ils ont reçue (1). Evidemment un trompeur n'eût pas choisi
de tels organes, il eût eu des chan-
ces trop nombreuses contre le but

(1) D'après des renseignements pris à des
sources respectables, la conduite des deux témoins de l'apparition est irréprochable, quoi qu'on
ait dit. Mélanie est aujourd'hui dans un Ordre
austère qu'elle édifie par sa ferveur. Pendant
longtemps on a pu l'interroger librement, comme
l'attestent tant de pèlerins. Quant à Maximin,
on peut lui reprocher de la légèreté dans le caractère, mais cependant ce défaut jusqu'à présent n'a pas paru suffisant pour l'éloigner du
sanctuaire.

inexplicable qu'il poursuivait; il n'eût
pas voulu exposer à de rudes épreuves les instruments si faibles qu'il
avait choisis pour tromper les hommes.

Mais n'y a-t-il pas un but caché de
la politique dans toute cette affaire?
— Oui, de la politique de Dieu qui di-
rige tout *avec force et douceur* pour le
plus grand bien de ses élus. Mais il
n'y a là aucune trace de la politique
humaine, et le but est ici purement religieux, malgré les tendances des
partis pour s'emparer du fait à leur
profit. Tous les efforts des hommes
sont inutiles, ils ne font que fortifier l'œuvre de Dieu. D'ailleurs un
gouvernement n'a rien à craindre lorsqu'il défend la liberté de l'Eglise ; il
a dans sa conduite le plus sûr *palla-
dium* et la garantie la plus certaine
de la bienveillance et de la protection

divine; car ce que Dieu aime le plus au monde c'est la liberté de son Eglise : dit saint Anselme. Et en effet les défenseurs de cette liberté triomphent toujours ; Dieu ne leur refuse pas cette protection spéciale que les difficultés font admirer davantage. Il y a une récompense temporelle, une promesse de *longue vie* et de durée attachée à l'accomplissement de ce devoir, comme à l'observation du dimanche, ou au respect des enfants pour leurs parents (1).

Tes père et mère honoreras, afin de vivre longuement.

Ce n'est pas seulement aux individus, c'est encore aux familles, aux nations et à leurs chefs que s'adresse

(1) Évidemment, le gouvernement qui a remplacé l'illustre Pie IX sur le trône pontifical, donné la liberté d'enseignement, celle des conciles, etc., doit être placé parmi ceux qui remplissent le précepte divin.

cette parole consolante, les princes des nations honorent l'Eglise leur mère, non pas en lui accordant des honneurs ou des biens, mais surtout en assurant sa liberté, pour la plus grande gloire de Dieu et le plus grand bien de leurs sujets.

Mais, pourquoi l'apparition n'a-t-elle pour témoins que deux enfants? — C'est bien là le langage des Juifs et l'on est surpris de le trouver dans la bouche des chrétiens. Quoi donc, nous appartient-il de fixer des conditions à la divinité?

Il y a dans l'Evangile des miracles qui ont eu de nombreux témoins; d'autres ont eu beaucoup moins de publicité, et il n'en sont pas moins certains. Qu'importe la publicité d'un miracle, si son existence est prouvée, si on peut lui accorder une croyance raisonnable: *rationabile obsequium*.

L'apparition de la Croix de Migné
est bien un miracle public? A-t-il opéré
plus de conversions que celui de la
Salette? N'a-t-il pas eu ses contradicteurs et ses prétendues explications?

Sans doute la réalité de l'apparition
doit être démontrée ; c'est aussi pourquoi Dieu l'a confirmée par des miracles subséquents, publics, faciles à
constater : tel est celui qui est attesté
par Monseigneur l'archevêque de Sens,
d'après les règles canoniques. Tels
sont les miracles attestés par Monseigneur l'évêque de Grenoble en preuve
de l'apparition. Un seul de ces miracles devrait suffire à la raison pour entraîner son suffrage et elle n'aurait pas
le droit d'exiger d'autres preuves qui,
d'ailleurs, ne font pas défaut (1).

(1) A côté des vrais miracles , il se manifeste
souvent des miracles illusoires, comme pour diminuer l'influence des premiers. Mais quelle

« Dieu accorde des miracles à une foi
vive, dit-on, quoiqu'elle puisse être
erronée dans son objet immédiat, au
moins en partie.»–Cependant on a toujours regardé un miracle comme une
preuve directe en faveur de la vérité et
comme le fondement d'une croyance.
On al.ègue, le vêtement de Notre Seigneur que plusieurs églises se vantent
de posséder et qui a pourtant opéré des
miracles dans chacune de ces églises.
Il y a quelques années, nous avons lu
une savante dissertation où l'on prou-
vait que chacune de ces églises possé-
dait bien un vêtement différent du Sauveur, mais non pas le même. Cette simple observation fait tomber l'objection.
« Mais un éminent prélat a protesté
contre l'apparition.»—C'est-à-dire qu'il

différence dans les résultats et dans les preuves !
Nous l'avons dit.

n'a rien trouvé de mieux pour s'y opposer que de louer la conduite de l'évêque de Grenoble, en traçant la ligne à suivre dans un cas analogue à celui de la Salette. En réalité aucun évêque ne s'est élevé contre celui de Grenoble et sans doute plus d'un eût protesté s'il y avait eu, de la part de ce prélat, erreur ou irrégularité dans la procédure qu'il avait ordonnée.

Un de nos prélats les plus éminents donne un mandement pour défendre de prêcher dans son diocèse un miracle qui ne serait pas reconnu par l'*Ordinaire*. Mais c'est un mesure générale, pleine de sagesse et de prudence qui justifie pleinement la conduite de Monseigneur l'évêque de Grenoble ; car il n'a pas agi autrement que l'illustre prélat ; il permet de publier le miracle de la Salette parce qu'il l'a reconnu véritable ; il en avait interdit la proclamation à l'empressement de son clergé, avant qu'il eût ordonné l'enquête et porté son jugement.

Il est probable qu'aucun évêque, fût-il prévenu défavorablement contre le fait de la Salette, ne permettrait à un prêtre de son diocèse de rien publier contre ce fait, par respect pour le jugement de Monseigneur l'évêque de Grenoble qui a agi selon toute la rigueur du droit : ce que n'ont pas toujours fait ses adversaires.

III.

Ceci posé, rappelons donc que l'autorité compétente, celle de l'évêque de Grenoble qui avait *seul* le droit de porter d'abord un jugement, selon les règles tracées par le concile de Trente, a examiné le miracle ; elle a fait des *enquêtes* sévères et des *contre-enquêtes* rigoureuses ; elle n'a rien eu de précipité dans son examen, et le jugement qu'elle a porté après cinq ans d'attente, n'a pas été réformé par l'autorité supérieure, depuis plusieurs années qu'il est donné.

Des hommes de la plus haute distinction par leur position dans l'Eglise,
par leur indépendance, par leurs vertus, leurs lumières et leurs talents, des
hommes éminemment respectables à
tant de titres, se sont prononcés sur le
fait en connaissance de cause. Ils ont
interrogé librement les enfants et visité
les lieux témoins de l'apparition ; leur
conviction s'est manifestée d'une manière évidente, claire, énergique en sa
faveur (1).

On avait assuré que Maximin s'était
démenti auprès de M. le curé d'Ars ;
c'était tout simplement un *mal-en-*

(1) Voir les écrits de MM. Rousselot, Bez, Ni-
colas, Rouquette, Marmonnier, Huguet, ceux de
Mlle Desbrulais, de Nantes, ceux de NN. SS. les
évêques : de Mgr Villecourt, de Mgr Dupanloup,
de Mgr Dupuch, des deux évêques de Grenoble,
de l'évêque de Birmingham, etc.

tendu de la part du public et qui ne devait pas aboutir ; c'est ce qui résulte des recherches de plusieurs de ces hommes distingués que nous venons de rappeler, et surtout d'un mandement de Monseigneur l'évêque de Grenoble.

Bien loin de réclamer contre la décision de l'*Ordinaire*, l'autorité supérieure ecclésiastique, celle de Rome, si prudente dans ses démarches comme chacun sait, a en quelque sorte sanctionné (et elle n'agit pas autrement en pareil cas), le jugement des évêques de Grenoble, en autorisant l'établissement d'une église sur la montagne de la Salette, en accordant des faveurs spirituelles à la dévotion des fidèles envers *Notre-Dame Réconciliatrice de la Salette*, surtout en permettant de célébrer une fête au jour anniversaire de l'appari-

tion (1). Elle a d'abord accueilli favo-
rablement les écrits favorables au
miracle et rejeté ceux qui lui sont
contraires. Comment concilier toutes
ces concessions faites directement et
sans réserve, avec un prétendu mépris de la cour de Rome pour le récit
de l'apparition? Toute la procédure de
la Salette a été adressée à Rome avant
le mandement de Monseigneur l'Évêque qui a été approuvé également du

(1) Une congrégation de pieux missionnaires
a été fondée, établie, approuvée, enrichie d'in-
dulgences sous le vocable de Notre Dame de la
Salette. On peut bien appliquer à ces pieuses
associations les belles paroles de M⁰ Jules Favre,
au sujet d'une confrérie, et dans son plaidoyer
pour Mˡˡᵉ de Lamerlière : « Elle est un lien vo-
lontaire entre quelques âmes pieuses qui y puisent le courage et l'espoir. Elle est une fraternité
spirituelle qui console et fortifie, qui dans les
épreuves inévitables élève au-dessus de l'ad-
versité et calme les orageuses agitations du
cœur. Hélas! tous, tant que nous sommes, ne

Souverain pontife. On peut dire que l'approbation de la catholicité est venue se joindre àcelle de l'*Ordinaire* et que vraiment ici la voix du peuple est la voix de Dieu. Chose inouïe! plus de deux cent cinquante chapelles se sont élevées dans différents diocèses sous le vocable de Notre-Dame de la Şalette, au grand contentement des populations. Des pélerins nombreux dans toutes les classes de la société sont accourus des extrémités du monde.

Pendant que le concours extraordi-

sentons-nous pas le besoin de cette solidarité morale qui nous protège contre notre propre faiblesse, et qui en nous fortifiant par les armes de la charité, nous arrache aux matérielles attaches de notre triste existence. N'est-ce pas un grand et salutaire apaisement que de nous réfugier dans une sphère supérieure où nous oublions nos fatigues, nos douleurs, notre servage de chaque jour! Où il nous semble que de plus près il nous est donné de contempler le seuil mystérieux de ce monde meilleur vers lequel nous entraîne si vio-

naire des peuples apporte ici son témoignage, Dieu manifeste directement
le sien, et de nombreuses conversions,
prodiges spirituels de la grâce, des
miracles authentiques sont attribués
à l'invocation de Notre-Dame de la
Salette. Les attestations les plus sû-
res, les plus positives confirment au
moins quelques-uns de ces miracles.
On dirait que la voix de Dieu s'unit à
celle du peuple et se confond avec elle
dans un seul témoignage. Car tout
cela est direct en faveur de l'apparition qui se trouve ainsi sanctionnée devant notre siècle et devant la postérité.

La plupart des défenseurs de la Salette sont des prêtres qui ont fait
preuve de science, de vertu, d'expérience pendant nombre d'années.

lemment le poids de notre cœur! Réunir les
hommes dans la poursuite d'un tel but, c'est
toujours une grande et noble pensée..... »

Deux évêques, dignes de ce nom et ayant mission pour le faire, les ont successivement encouragés et soutenus. Pouvons-nous donc accuser le clergé de Grenoble d'ignorance ou de mauvaise foi, et son témoignage n'est-il pas préférable à celui de ses adversaires! Il y a bien de la présomption, pour ne rien dire de plus, à accuser ainsi un évêque, les professeurs de son grand séminaire, les membres de son Chapitre, etc.

Les adversaires du miracle, je parle de ceux qui peuvent être pris en considération, sont peu nombreux et ne méritent pas *en général,* (tout en leur accordant la plus entière bonne foi) la même confiance que ses défenseurs. Ils sont d'ailleurs soutenus à leur tour par les incrédules, par les indifférents ou les hérétiques, par tous ces hommes légers qui n'ont rien

examiné et dont l'adhésion serait souvent un préjugé défavorable. Sans
doute la prévention, le défaut d'examen,
la faiblesse humaine peuvent aussi
expliquer l'opposition de quelques
hommes de bien. Mais, en général, on
peut appliquer aux doctrines et aux
faits ce que dit M. de Maistre : « Il y a
une méthode sûre pour juger les li-
vres, comme les hommes, même sans
les connaître, c'est de savoir par qui
ils sont aimés et par qui ils sont
haïs. »

Enfin, ceux qui font autorité parmi
les adversaires du miracle ne se sont
jamais prononcés officiellement ; plusieurs même de ceux qui s'étaient
d'abord déclarés peu favorables sont
revenus à de meilleurs sentiments
après un examen approfondi ; ils ont
été convaincus qu'on pouvait assimiler
la conduite de l'Eglise en cette cir-

constance à celle qu'elle a toujours suivie lorsqu'il s'agit de mettre sur les autels un serviteur de Dieu.

Il y a donc une bien forte présomption en faveur du miracle, pour ne rien dire de plus ; car combien de pèlerinages célèbres sont appuyés sur des bases moins solides que celui de la Salette !

Mais pourquoi donc interdire la discussion du fait ! — L'évêque, de Grenoble seul a reçu mission pour juger la question du miracle et tant que son jugement n'est pas réformé par *l'autorité* supérieure, il fait lui-même *autorité* et nous devons le respecter en quelque sorte comme le jugement de l'Eglise, puisque l'évêque a agi d'après les *canons*. Ainsi dans l'intérêt de la paix de tout un diocèse, dans celui du respect qui lui est dû, l'autorité ecclésiastique a interdit les attaques contre la décision qu'elle a prise après

un mûr examen, comme elle avait interdit à l'empressement du clergé de
la prévenir par un culte public rendu
à N.-D. de la Salette. Mais il est permis à chacun de penser librement à
l'égard du miracle. Chacun peut l'examiner encore et faire part de ses observations à l'*Ordinaire* qui a bien su découvrir les faux miracles en d'autres
circonstances, même lorsqu'ils parais-
saient joués avec une perfidie infernale
capable de tromper au premier abord
quelques hommes sensés. Nous le répétons, pendant cinq ans, chacun a été
appelé à discuter le fait publiquement ;
on en appelait constamment à la discussion pour éclairer la question ;
pourquoi n'a-t-on rien fait alors ! Tous
les regards étaient tournés vers l'autorité pour lui demander une décision,
elle l'a donnée; elle doit par conséquent
la faire respecter. On nous cite le mi-

racle prétendu de St-Saturnin ; mais
c'est précisément l'Eglise qui a déjoué
le complot en suivant les règles canoniques , comme elles ont été suivies
plus tard à Grenoble à l'égard du fait
de la Salette ; d'ailleurs les circonstances étaient bien différentes de celles
qui accompagnent ce dernier fait.

Il en est de même du fameux péleri-
nage basé sur une fausse indication
et que fit cesser saint Martin. Ces
exemples prouvent contre ceux qui les
invoquent, car l'erreur que découvrit
saint Martin n'avait pas été précédée
d'informations canoniques. Supposez
qu'on vienne attaquer publiquement
le jugement des tribunaux de Grenoble; la justice n'interviendra-t-elle pas
à bon droit contre les accusateurs? En
effet, il y a présomption en faveur des
tribunaux; et ou en serait la société,
s'il était permis de les accuser? Ce

n'est pas ici une de ces rares occa--
sions où le pouvoir temporel agit évidemment contre la volonté divine et
où il faut s'écrier comme les apôtres :
« Il vaut mieux obéir à Dieu qu'aux
hommes. »

Mais pourquoi donc un chrétien se
permettrait-il à son tour d'attaquer le
jugement de l'autorité diocésaine?
pourquoi ne regarderait-il pas comme
suffisante l'enquête faite par Monseigneur l'évêque de Grenoble qui avait
plein pouvoir pour la faire?

Ajoutons encore quelques considérations. On peut revenir sans honte
d'une erreur involontaire puisqu'on
revient bien avec honneur d'une faute
en la réparant. Le jugement de l'autorité ne lui interdit pas le retour puisque si elle suppose dans son jugement
une haute probabilité, elle ne se proclame pas infaillible ; pourquoi donc

ne reviendrait-oa pas sur le passé, s'il
y avait lieu de le faire ? l'autorité n'a-t-
elle pas intérêt à ce que le public ne
mette pas en suspicion sa bonne foi?
Voudrait-elle faire rejaillir sur l'Eglise
universelle la conséquence funeste
d'une erreur particulière, et qu'il serait facile de découvrir tôt ou tard?
ne serait-ce pas là pour beaucoup de
gens peu éclairés ou mal intentionnés
une véritable pierre de scandales.

En définitive, la religion aurait toujours beaucoup à souffrir d'une erreur
semblable , malgré les apparences.
« L'expérience et la raison prouvent
que la vérité n'est vraiment servie que
par la vérité » a dit un savant prélat.

Fénelon abjurant publiquement une
erreur est plus grand que Fénelon écri-
vant ses ouvrages immortels ; car la
vertu l'emporte sur le génie. A certains
égards, il est plus beau de reconnaî-

tre noblemement une erreur que de
l'avoir évitée. Persévérer dans sa dé-
fense serait une honte et un déshon-
neur. Or, Mgr. l'évêque de Grenoble
ressemble trop à Fénelon pour agir
autrement que ce grand évêque ; et
qui donc aurait donné le droit de le juger autrement ? D'ailleurs, l'autorité
supérieure est moins compromise; elle
peut réclamer à son tour, avec tous les
ménagements convenables. Or, rien
de tout cela n'a été fait, quoiqu'à entendre les adversaires du miracle,
dans leur critique étroite, mesquine
et exclusive qu'ils tiennent du jansénisme, rien ne fût plus facile que de
constater l'erreur. Ils supposent ainsi
que la puissance ecclésiastique, chargée du dépôt de la vérité, et qui doit
toujours éclairer les fidèles, tient à
paralyser toute son influence en trom-
pant volontairement le public par une

erreur grossière. Qui mérite donc ici
plus de considération de l'autorité ou
de ses adversaires ?

Ah ! ce n'est pas un conseil que
nous adressons à nos pères dans la
foi, c'est une prière qui se fait jour,
nous en sommes sûrs, dans le cœur
de tous les fidèles... Mais la sagesse
épiscopale saura toujours prévenir
l'expression publique de cette prière
en nous dénonçant l'erreur si elle venait jamais à la découvrir, dans la
grande cause que nous défendons. Et
il n'y aurait pas de vaincus, puisque
la vérité est le bien suprême des intel-
ligences qui doivent s'embrasser dans
son sein, surtout lorsqu'elle est unie
si intimement à la religion, que Dieu
saura bien défendre si elle était compromise.

Quelques prêtres, dit-on, se sont
permis d'inconvenantes déclamations

contre la décision si respectable de l'é-
vêque de Grenoble.

Ah! loin de nous la pensée d'enveni-
mer par d'amères paroles la plaie que
nos adversaires se sont faite à eux-
mêmes. Nous aimerions bien mieux
la couvrir du silencieux manteau de
Constantin que de la dévoiler ! Mais
pensent-ils donc affermir leur propre
autorité en attaquant le pouvoir dont
elle émane ? Qu'il nous soit permis de
leur dire : Vous qui êtes les minis-
tres de l'Eglise, maîtres dans cette
grande école du respect, comme l'ap-
pèle M. Guizot, ne contribuez pas
par votre exemple à ébranler L'AUTO-
'RITÉ (1), à notre époque où elle est si
souvent chancelante dans les cœurs;

(1) L'autorité a quelquefois pour auxiliaire la
puissance matérielle ; mais elle est essentielle-
ment une force morale ; elle suppose la libre
adhésion et affranchit à son tour ses adhérents,

que les peuples égarés ne disent pas
en vous écoutant : « Voyez les dépositaires d'une autorité si haute qu'elle
se proclame divine, de l'autorité sur
laquelle tout repose en définitive dans
la société ; voyez : le vent du siècle a
soufflé sur eux, et ils deviennent les
apôtres de l'école du mépris ! Non,
il n'y a pas d'autorité véritable, et
nous en sommes les maîtres abso-
lus ; et les hommes l'ont inventée, gui-
dés par l'intérêt ou par la passion.
Notre volonté seule est la suprême
justice, et elle n'a pas besoin d'a-
voir *raison* pour valider ses ac-
tes. » Prêtres qui vous exposez à entendre ce langage, ne vous faites pas
illusion ; vous vous isolez peu à peu
de la grande société catholique, et

non de la loi mais de l'*arbitraire*. C'est ainsi que
la liberté et l'autorité se soutiennent mutuelle-
ment, *nemo tam liber quam sub lege.*

bientôt peut-être, serez-vous effrayés de la solitude où votre conduite vous laissera.

On a osé mettre en avant pour nier le miracle, les avantages matériels du pèlerinage, et l'on a bien voulu expliquer par là le silence de l'épiscopat. Cette injure ne peut trouver de l'écho que dans les cœurs asservis par la cupidité qui jugent tout d'après eux-mêmes. Quelle est l'œuvre qui ne devrait être rejetée, s'il en était ainsi ; et pourquoi donc prendre toujours l'effet pour la cause ? Quel est le pèlerinage qui n'a pas été suivi des mêmes avantages matériels ! Que de villes doivent à un pèlerinage leur gloire, leur naissance ou leur fortune ! Faut-il douter de la sainteté du curé d'Ars, parce que sa présence procure des avantages matériels à son pays ? D'ailleurs il peut y avoir des

abus qui ne prouvent absolument
rien contre l'usage légitime. Sans
doute, Dieu peut tirer le bien du mal,
comme l'incrédulité tire le mal du bien
lui-même ; Dieu permet que toutes
ses œuvres soient éprouvées pour
montrer leur excellence ; mais on a de
la peine à se persuader qu'une fausse
apparition puisse ·avoir des conséquences aussi belles et aussi étendues
que celle de la Salette. Les faux miracles que l'on pourra citer, n'ont jamais produit de pareils effets (1). Ici,
la gloire de Dieu semble intéressée à

(1) La civilisation, la moralisation, l'aisance,
le retour à la religion ! voilà quelques-unes des
heureuses conséquences que l'on semble consi-
dérer avec un si superbe dédain et dont on
ferait valoir bien haut l'absence, contre le pèlerinage. Vraiment, un mauvais arbre ne pourrait
produire d'aussi bons fruits, et il nous semble
entendre la parole du Sauveur : *Ex fructibus
eorum cognoscetis eos.* Ce qu'il faut remarquer

prévenir une illusion, puisque l'E-
glise est intervenue. Après tout, il y
a prescription ; la Salette est consa-
crée dès l'origine par la ferveur des
peuples. Le pèlerinage repose sur
des bases trop solides aujourd'hui
pour être renversé. Si la Vierge n'est
pas apparue dans ces lieux, elle
doit y apparaître aujourd'hui, disait
un prêtre zélé que l'empressement
d'une multitude fervente avait ravi
d'admiration. Nous disons à notre
tour ; si la Vierge n'est pas apparue
sensiblement dans ce lieu de bénédiction, devenu un sanctuaire vénéré
dans l'Eglise, elle y est invisiblement
attirée par la foi des populations réu-

encore, c'est le bien-être physique et le contentement moral qu'éprouvent en arrivant les pèlerins de la Salette ; c'est surtout la facilité de
contrition, qu'on nous permette cette expression,
et le don des larmes et de l'attendrissement
qu'ils reçoivent dans ce lieu de bénédiction.

nies en son nom, elle apparaît au
moins dans les consciences et dans
les cœurs pour les réjouir de sa grâce ;
comme dans tant d'autres sanctuaires
élevés en son honneur !

IV.

On nous fait encore quelques observations. Les partisans de l'apparition,
dit-on, mettent dans la bouche de la
Sainte Vierge un langage trivial. —
Rien n'est plus arbitraire que cette
accusation ; quelques personnes ont
même trouvé que ce langage était
vraiment biblique dans sa simplicité.
C'était le ton d'une prophétie qui
devait s'accomplir, comme les faits
le prouvent, en tenant compte de ce
qu'il y a de conditionnel dans la pré-
diction, comme dans celle de Jonas à

Ninive. La mère de Dieu a des paroles simples, tel qu'il convient, en s'adressant à deux pauvres enfants qu'elle avait choisis pour confondre les sages du monde, et leur montrer que la véritable dignité de l'homme n'est pas dans les choses extérieures qui l'entourent, mais dans son âme. Elle ne pouvait adopter un langage de salon, et le sien pour être valable n'a pas besoin d'avoir été contrôlé par l'Académie française dont les lois ne s'étendent pas jusqu'au ciel.

Hélas ! nous sommes bien semblables à Augustin avant sa conversion, que la simplicité et la candeur de la parole biblique rebutaient. « Il ne comprenait pas encore, dit un de ses historiens, que Dieu nous aime et nous parle pour nous, que les hommes se recherchent et nous parlent pour eux, et qu'ainsi Dieu nous donne la

vérité toute nue, pour qu'on la con-
naisse , et les hommes toute parée,
pour qu'on les admire. » On trouve
dans l'Evangile des paroles qui peuvent d'abord paraître singulières, mais
qui nous eussent ravis d'admiration
s'il nous eût été donné de les entendre de la bouche adorable de celui qui
est le *plus beau des enfants des hommes*, ou des lèvres pleines de grâce de
sa divine mère, de l'*aimable*, de l'in-
comparable Marie.

La Vierge, il est vrai, paraît ignorer
que les enfants ne savaient pas le
français ; mais il y a là une simple
condescendance de langage, telle qu'on
en trouve si souvent dans l'Evangile,
où le Sauveur répète sous une forme
différente les mêmes vérités, pour se
mettre mieux à la portée des apôtres,
qu'il eût pu éclairer subitement s'il

l'eût jugé convenable, comme il arriva plus tard le jour de la Pentecôte.

A notre tour, nous demanderons : d'où vient que les enfants ont retenu le français qu'ils ignoraient et d'où vient que la *dame* leur a parlé leur propre langage, qu'une personne étrangère eût certainement ignoré ; car un habitant du pays ne se fût pas exposé à être reconnu et par là couvert de honte et de confusion; on n'eût pas d'ailleurs inventé ce langage, ni surtout ce secret si importun, s'il y avait eu supercherie ou accord entre les enfants et l'auteur de la mystification supposée. L'objection de nos adversaires pourrait donc bien devenir une preuve en notre faveur. Supposer un secret, c'était se créer en réalité mille difficultés et saper par les fondements l'édifice de mensonge qu'on voulait élever, en exposant les enfants à une véritable persécution qui pouvait tout dévoiler. Ces enfants, simples et grossiers, ont cependant des réponses surprenantes quand il s'agit de ce secret dont ils sont dépositaires, et de l'apparition dont ils sont les témoins; ils résistent à toutes les épreuves, aux promesses comme aux menaces. Ce qui devrait confondre l'imposture est donc précisément ce qui met en relief la vérité.

L'hypothèse d'un secret ne pouvait donc être qu'un embarras et le moyen le plus simple de découvrir le mensonge. Remarquons bien que les enfants sont parfaitement d'accord dans leur longue déposition; les variantes de leur récit, s'il y en a, sont insignifiantes et ne servent qu'à mieux faire ressortir l'unité du fond.

Mais le costume de la *dame* est tout au moins fort bizarre.—Il est très-extra-

ordinaire, je l'avoue ; mais il présente
plusieurs rapports avec les paroles
de Marie ; d'ailleurs, plus il s'écarte de
la forme traditionnelle du vêtement
de la Vierge, plus il y a probabilité en
faveur du miracle ; un imposteur eût
voulu rendre plus vraisemblable l'apparition de la Vierge, que les enfants
n'ont d'abord désignée que sous le nom
de la *dame*. Oui, nous le répétons, plus
les circonstances de l'apparition s'éloi-
gnent des données naturelles ou tra-
ditionnelles, moins il est probable
qu'elles sont le résultat du mensonge
ou de l'erreur : ce n'est pas *ainsi qu'on
invente ; en excluant le prodige on le
ramène.*

Qu'après l'apparition, on ait eu l'idée
de confectionner un vêtement à peu
près semblable à celui de Notre Dame
de la Salette afin de pouvoir dire: « c'est
ainsi que la Vierge est apparue, je la

représente; » cela est possible, et peut
servir d'excuse aux esprits inattentifs et
prévenus qui se sont fait une arme de
cette circonstance réelle ou imaginaire:
mais où est l'attestation valable qui
prouve l'antériorité du costume? On
est en droit de l'exiger, contre les déné-
gations formelles de Mgr. l'évêque de
Grenoble, à qui un des témoins qu'on
allègue a précisément déclaré le contraire de cette hypothèse. Il s'agit,
d'ailleurs, d'un vêtement fort différent
de celui de l'apparition. On allègue
également un aveu qui a été démenti
formellement par un des témoins à qui
on déclare qu'il avait été fait par
l'auteur prétendu de l'apparition (1).

Mais la Vierge verse des larmes, et
elle est dans l'état glorieux où l'on n'é-

(1) Nous aimons à croire à des *malentendus*
et nullement à la mauvaise foi, dans toutes ces
tristes circonstances de lutte et de contradiction.

prouve ni peine ni douleur !— Ah ! lais-
sez à la *toute-puissante suppliante* le
privilége des larmes dans le ciel ; elles
viennent de son cœur maternel et vont
droit au cœur de Dieu ; elles n'altèrent
en rien son bonheur essentiel, mais
elles témoignent de son amour pour
les enfants de la *vallée des larmes*, et
de son pouvoir auprès du *fils premier-
né*, dont elles retiennent le bras ap-
pesanti prêt à frapper, en lui rappelant
les pleurs qu'elle a versés sur lui pen
dant les souffrances qu'il endurait pour
nous. Ah ! ces larmes étaient bien le
sang de son cœur qu'elle répandait
aussi en nous enfantant à la vie céleste. On ne saurait trop accorder *à la
mère d'un Dieu ;* car que dire qui ne
soit contenu dans ce titre ! au-dessous
de la Trinité qui l'exalte, il ne peut
rien y avoir de plus grand, de plus
semblable à Dieu que la Vierge imma-

culée. Marie parle donc elle-même comme ayant puissance, et avec une autorité qui identifie sa cause avec celle du Dieu dont elle est la mère ; il n'y a rien dans ses paroles qui prête à l'accusation d'hérésie dont on s'est plu à les flétrir.

Que faut-il penser de la fontaine miraculeuse ? — C'est un nouveau témoignage qu'apporte ici la nature après celui des hommes et de l'Eglise. La fontaine était intermittente avant l'événement, de l'aveu de tous ; depuis, elle coule continuellement, tout le monde en convient. Aucun travail n'a été entrepris pour amener ce résultat qui frappe par sa coïncidence avec l'apparition. Un travail capable de perpétuer le cours d'eau eût été difficile d'exécution, mais très-facile à constater. Il suppose, d'ailleurs, de nombreux complices dont pas un n'eût pourtant avoué ses torts ! Et parmi ces complices il y aurait des hommes recommandables à tous égards, des membres du clergé au-dessus de tout soupçon, par l'amour de la vérité et de la vertu auquel ils ont consacré leur vie, et qu'ils auraient tout à coup démenti simultanément, sans qu'un seul eût été amené par le remords, à dévoiler ses complices ! Cette hypothèse est contraire à la nature de l'esprit humain. L'eau de cette fontaine est l'objet de la foi la plus vive ; on la transporte aux extrémités du globe ; jamais elle n'a fait le moindre mal, et on lui attribue des cures merveilleuses. Il est impossible que, parmi tant de témoignages rendus à ses effets miraculeux, il n'y en ait pas de fondés sur la vérité ! Qui n'a pas entendu parler de personnes guéries de maladies réelles par l'eau de la Salette ? De toutes

ces considérations, il résulte que le
nom de miraculeuse donné à la *fon-*
taine n'a rien de surprenant (1). Quant
au secret, il a été trop bien gardé jusqu'ici, pour qu'il nous soit possible
d'en parler. Les vues de la Providence,
en le donnant, paraîtront sans doute
avec éclat lorsqu'elle le révélera. Mais
ce secret, qu'un trompeur n'eût pas
supposé, serait bien suffisant pour
justifier la conduite de la Providence,
n'eût-il fait que mettre plus en évidence la mission des deux bergers.

(1) *La Salette* n'est pas le seul pèlerinage qui
ait son eau miraculeuse.

V.

EXAMEN DU FAIT EN LUI-MÊME.

Examinons, en peu de mots, si les deux enfants ont pu être trompés, ou s'ils sont trompeurs à leur tour. Et d'abord, sont-ils victimes d'une hallucination? mais comment les eût-elle affectés tous deux en même temps et d'une manière semblable? Rien ne les prédisposait, d'ailleurs, à une hallucination aussi contraire à leurs idées, à leurs habitudes et à leurs dispositions. Ils ne sont pas dupes de leur imagination, pour les mêmes raisons.

Ils ne sont pas trompés par le démon, qui se garderait bien de rien inventer qui pût diminuer son empire. Toute maison divisée contre elle-même, tombera en ruines, dit l'Evangile.

Supposer un effet d'optique ou de fantasmagorie, serait absurde. Il faudrait, pour cela, des machines, un temps propice, etc. D'ailleurs, l'oreille est frappée comme la vue, dans l'apparition. Il y a ici quelque chose qui dépasse les ressources du prestidigitateur le plus habile. Les enfants sont simples et grossiers, à la vérité; mais par là il est évident qu'ils ne peuvent être trompeurs, ou qu'ils ne pourraient tromper longtemps, lors même qu'ils auraient voulu le faire, en persistant dans un rôle impossible à leur faiblesse et à leur inexpérience; ils sont assez doués de raison pour n'ê-

tre pas trompés par un grossier sub-
terfuge, car ils racontent ensemble
des circonstances merveilleuses sur
lesquelles il est impossible de se faire
illusion. Chacun d'eux entend seulement le secret qui s'adresse à lui,
quoiqu'il soit prononcé à égale distance de son compagnon. La Vierge rappelle à Maximin une conversation
qui n'avait pas eu de témoin étranger, et cette révélation a frappé vi-
vement le père du berger. La *grande
dame*, c'est ainsi qu'ils l'appellent, ne
paraît pas effleurer la tige des herbes,
qui avaient alors environ deux déci-
mètres de hauteur, comme le rapporte
Mgr. l'évêque de Grenoble. La Vierge
avait un éclat si resplendissant qu'elle
éblouissait les regards. Les enfants
l'ont vue « dans une auréole lumineuse
et toute enveloppée de splendeur céleste. Elle leur a parlé en s'avançant

vers eux d'un pas si léger, qu'à peine les herbes du pâturage en étaient effleurées. » Enfin, elle disparaît graduellement, de *la tête aux pieds*, en s'élevant dans les airs, et sans laisser aucune trace. Or, tout ceci se passe en plein jour, par un temps calme et serein, à côté des témoins, sur une montagne élevée et d'un accès difficile, mais complètement nue et dépouillée de cavités et d'ombrage. Evidemment, les enfants ne sont pas les jouets d'une mystification ; ils n'ont pas plus été trompés sur le fait qu'ils ne sont trompeurs, en le rapportant tous deux d'une manière identique. Les adversaires murmurent bien le mot *nuage*. Ils supposent un brouillard arrivé là à point nommé pour favoriser l'apparition, et qui, sans doute, était du complot. Mais il est bien notoire qu'il n'y a ici d'autre brouillard que celui

qu'ils se mettent volontairement devant les yeux pour ne point voir; à
moins qu'il ne s'agisse d'une nuée
lumineuse, comme celle dont parle
l'Evangile. Les enfants n'ont donc pu
inventer une fable si bien ourdie, contraire à leurs tendances, à leur grossière ignorance, à leur simplicité rus-
tique, et qui, bien loin de leur attirer
des avantages matériels dont ils n'a-
vaient pas même l'idée, ne pouvait
que leur être nuisible et désagréable.

Sont-ils les complices de quelque
personne habile ! Quoi, rien n'aurait
trahi cette complicité depuis tant
d'années ! Mais alors pourquoi cette
comédie si bien jouée, dont on désigne
les personnages comme si on les
voyait? Il suffisait d'acheter la conscience des deux enfants, sans jouer
devant eux la scène par laquelle on
veut expliquer le fait. Acheter la cons-

cience des enfants ! mais dans quel
but, par quels moyens ? Quelle promesse leur a-t-on faite, et a-t-elle été
exécutée? Qui répondait de leur fidélité?
D'où vient ce secret si compromettant
et ce langage si propre à faire échouer
le projet contre l'invraisemblance? Ce
choix étrange des témoins ? Ils déclarent avoir vu une *dame* qu'ils ne savent
qualifier de son titre divin , ce qu'ils
n'eussent pas manqué de faire s'il y
avait eu complicité de leur part.

En vérité, il faut accumuler les im-
possibilités pour expliquer un fait hu-
mainement inexplicable, pour rendre
croyable une fable dont l'exécution
serait plus merveilleuse que l'apparition. Pour échapper à la lumière mys-
térieuse du miracle, on tombe vraiment dans d'incompréhensibles ténè-
bres.

Si les enfants ont inventé l'apparition, d'où vient l'intervention de Mlle de Lamerlière ou de tout autre personnage? Si celle-ci est l'auteur de l'apparition, les enfants sont ses complices, puisque leur double récit suppose des merveilles sur lesquelles ils n'ont pu se faire illusion. Mais s'ils sont complices, comment expliquer cette impossible complicité et leur persévérance pendant tant d'années? Après avoir supposé qu'une fable avait été inventée par les enfants et que l'un d'eux était convenu du fait, comme on a compris qu'il était impossible de soutenir cette opinion, on introduit sur la scène une femme qui aurait joué le rôle de l'apparition; et ce sont les mêmes hommes qui se livrent à ces deux hypothèses contradictoires, comme s'il y avait parti pris de tout nier et de résister à l'évidence!

VI.

DE L'INCIDENT DE Mlle DE LAMERLIÈRE.

Les preuves que nous donnons sont plus que suffisantes pour démontrer la vérité du miracle de la Salette, soit que nous ayons considéré le fait en lui-même ou dans l'autorité qui l'établit. Cependant, l'incident de Mlle de Lamerlière occupe une trop grande place dans l'histoire de la Salette pour que nous n'en disions pas quelques mots.

La personne que l'on accuse est pieuse et éclairée. Elle est d'une naissance et d'une éducation distinguées. Elle sait qu'il n'est pas permis de faire

le plus petit mal, même pour obtenir
le plus grand bien, dans l'ordre moral,
surtout quand il s'agit de la religion
qui réprouve le mensonge comme directement opposé à Dieu lui-même, la
vérité suprême. Sans doute, on peut
oublier son devoir par passion ou par
intérêt : or, si la personne accusée al-
léguait une révélation faite à elle-même, si elle se posait comme ayant été
favorisée de la vision céleste, on pourrait comprendre une faute motivée par
l'orgueil ou l'intérêt, qui serait pourtant aussi ridicule qu'absurde et sacrilége. Mais ici il n'y a rien de semblable. Bien plus, elle se montre, dit-on,
tellement imprudente dans ses propos
et dans sa démarche, qu'elle met elle-
même tout le monde sur la voie de la
découverte d'une supercherie aussi
déraisonnable qu'impie ; et c'est elle
pourtant qui par deux fois intente un

procès, afin de prouver qu'elle n'a pas
abusé de la crédulité publique !

On ne pouvait prévoir que l'enquête
serait refusée comme inutile (1) ; bien
plus, elle l'a sollicitée elle-même avec
insistance. On conçoit que les adversaires la demandent, trompés par quelques démarches inconsidérées de la
partie adverse ; mais celle-ci, en pro-
voquant une enquête sur l'action qu'on
lui attribue, s'expose évidemment à la
honte et à la défaite, s'il y a de sa part
une culpabilité qu'elle ne peut ignorer. Encore une fois, imprudente et
coupable à la fois, se fût-elle exposée
aux coups d'une condamnation qui
eût précisément flétri la réputation
qu'on voulait défendre. On conçoit

(1) D'après Me Jules Favre une enquête aurait eu lieu et aurait complètement justifié
Mlle de Lamerlière. Ceci explique peut-être le
refus du tribunal.

qu'un coupable puisse commettre des imprudences qui mettent sur la trace de la faute; mais va-t-il se livrer lui-même à la justice, lorsqu'il persiste à nier une culpabilité vraisemblable !

La personne accusée voulait, dit-on, se relever par un coup d'éclat. — Se relever de quelle accusation ? Mais en supposant que celle-ci fut fondée, le moyen de réhabilitation était complètement opposé au but, et bien loin d'arrêter une interdiction ou la dation d'un conseil judiciaire, une conduite aussi *folle* ne pouvait que la déterminer promptement. En effet, cette conduite eut été facilement reconnue après toutes les *folles* imprudences que l'on suppose. Quoi ! au moment d'une préoccupation extrême, Mlle de L... eût songé à jouer un rôle dont elle rougit, bien loin d'en tirer vanité, puisqu'elle ac-

cuse à son tour ceux qui lui attribuent injustement ce rôle (1)! Mais il y a bien d'autres contradictions, dans cette affaire de la part des adversaires du miracle. Ils reconnaissent que Mlle de L...
a le langage d'une bonne éducation, et ils lui attribuent des paroles qu'ils appellent triviales. On l'accuse d'exaltation, et en même temps on suppose qu'elle oublie le motif le plus capable de l'exalter, celui d'une accusation contre elle-même, pour se livrer à une indigne supercherie, étrangère au but qui doit appeler tous ses efforts. On reconnaît qu'elle est étrangère au pays,

(1) Un magistrat de Saint-Marcellin se rappelle les nombreuses visites qu'il reçut de Mlle de Lamerlière au sujet de ses affaires qui allaient se décider, et cela précisément au moment où l'apparition de *Notre Dame* allait avoir lieu sur la montagne de la Salette, qui est trop éloignée de Saint-Marcellin pour qu'on puisse supposer alors l'intervention de Mlle de Lamerlière.

et on prétend qu'elle en parle le patois, quoiqu'il diffère de tous les idiômes voisins! Qui a donc donné l'idée d'une apparition factice sur une montagne escarpée, (il faut trois heures pour la gravir), faite à deux pauvres petits bergers qui pouvaient ne pas s'y trouver, ou bien au contraire s'y rencontrer en nombreuse compagnie d'autres bergers? Comment a-t-on pu s'exposer à être reconnu, (et on l'eût été certainement), avec le travestissement qu'on suppose, en traversant le village qui est au pied de la montagne; et cela au moment des travaux de la campagne!

C'est le propre des œuvres divines de grandir par les obstacles, tandis que les œuvres purement humaines ne résistent souvent pas au moindre choc. Voyez l'école des Saint-Simoniens: elle n'a pu survivre à un arrêt de la police correctionnelle, malgré le mérite de ses adhérents et les passions qui lui servaient de point d'appui parmi les masses ! Le Christianisme réussit par des moyens qui paraissent souvent contraires au but, s'élevant contre les passions, les préjugés, les intérêts des hommes. C'est aussi ce qui a lieu pour la dévotion à Notre-Dame de la Salette, qui semble toujours grandir en raison des difficultés qu'on lui oppose; car de tous les points du globe, de nombreux pélerins s'écrient chaque jour au souvenir de l'apparition : *Levavi oculos meos in montes, unde veniet auxilium mihi.*

VII.

Un jugement a été prononcé en instance et confirmé en appel contre Mademoiselle de Lamerlière. Nous n'avons ni le droit ni la volonté de contredire ce jugement. Il n'ébranle aucun des faits, aucune des preuves que nous avons donnés. Bien loin d'être un argument contre nous, il semble plutôt favorable à notre cause.

Les tribunaux n'ont pas examiné le fait de la Salette; ils ont refusé l'enquête sur ce fait comme inutile à la cause; ils ont laissé la question du

miracle complètement indécise. Ils
n'avaient pas à se prononcer sur lui,
et cet examen ne rentrait pas dans
leurs attributions (1). Mais le minis-
tère public représente la société, dont
les intérêts sont unis à ceux de la vérité et de la religion. Il doit leur concilier le respect et les préserver des
jongleries de l'imposture. Or, il n'a
pas poursuivi l'enquête demandée, et
il a prouvé par là qu'il n'y avait pas
lieu de la faire (2). Et, cependant,
Rosette Tamisier, que l'autorité ecclésiastique a si bien démasquée, n'a-t-

(1) Les adversaires de Mlle de Lamerlière ont
agi de bonne foi, et celle ci n'a reçu aucun dommage de leurs allégations. Voilà uniquement ce
qui a été décidé.

(2) On parle d'une enquête! celle de Monseigneur de Grenoble n'est-elle pas suffisante ?
Le prélat n'avait-t-il pas l'autorité, les lumières,
les vertus, l'assistance nécessaire pour la faire en
connaissance de cause ?

elle pas été poursuivie ; était-elle donc
plus coupable ? Non, l'autorité civile
n'a pas refusé d'exercer un droit légitime ; aucune considération n'aurait
pu la faire désister de son devoir, et
c'est faire injure à la magistrature de
supposer gratuitement le contraire.
Car les droits de la justice, comme
ceux de la vérité, sont imprescriptibles.
Les deux puissances auraient pu s'entendre pour prendre d'un commun
accord une décision, s'il y avait eu lieu
de le faire. En vain on allègue les
égards dus à un vénérable prélat. Mgr.
l'évêque de Grenoble proteste lui-
même de son empressement à reconnaître l'erreur, si elle lui était dévoilée.
On ne peut donc douter de cet empressement.

VIII.

RÉSUMÉ.

Avant de terminer, rappelons en peu de mots quelques faits, afin de bien présenter la vérité sous ses faces principales.

Ou les bergers ont réellement vu ce qu'ils déclarent avoir vu, et alors il y aurait une apparition réelle, puisqu'il est impossible de simuler des choses aussi merveilleuses; ou ils ont inventé l'apparition, et alors il est inutile de supposer que Mlle de L....., ou tout autre, ait commis l'action répréhensible qu'on lui attribue. S'ils sont complices d'un mensonge, comment expliquer leur conduite, comment ne se sont-ils pas démenti après tant d'épreuves? Qui a donné l'idée de les prendre pour les héros dangereux d'une mystification imprudente et sacrilége? Si un intérêt, qu'ils ne pouvaient guère comprendre dans l'état de grossière ignorance où ils se trouvaient, les a dirigés, comment un intérêt plus grand ne les aurait-il pas portés à se démentir, après tant d'épreuves dont ils ont été l'objet, dans les premiers temps surtout?

Un homme aussi habile que recommandable, M. l'abbé Dupanloup, aujourd'hui Mgr. l'évêque d'Orléans, lui qui connaît si bien la nature de l'enfance, et qui avait si bien étudié le caractère des deux bergers, disait, il y a plusieurs années, bien avant que tant de nouvelles preuves soient venues s'ajouter à celles qu'il avait devant les yeux (et il ne s'est pas démenti), il disait en terminant une lettre devenue célèbre :

« 1° Il faut ou admettre la vérité surnaturelle de l'apparition, du récit et du secret des enfants ; mais c'est fort grave et d'une grande conséquence. S'il y a là une fourberie et qu'elle se découvre un jour par ces enfants ou par d'autres, la sincérité trompée de tant de cœurs religieux n'aura-t-elle pas à en souffrir?

2° Ou dire qu'ils ont été trompés et qu'ils sont encore le jouet d'une hallucination. Mais quiconque a fait le voyage de la Salette et tout examiné, n'hésitera pas à affirmer que cette supposition est absolument ridicule et inadmissible ;

3° Ou bien que les enfants sont les inventeurs de cette fable, qu'ils l'ont

ımaginée à eux seuls, et qu'à eux seuls
ils la soutiennent envers et contre
tous depuis deux années, sans se contredire ni se démentir jamais. Pour ma
part, il m'est absolument impossible
d'admettre cette troisième supposition.
La fable me paraîtrait ici plus éton-
nante que la vérité ;

4° Ou bien, enfin, qu'il y a eu un
inventeur, un imposteur caché derrière
les enfants, et qu'ils se sont prêtés à
jouer le rôle qu'il leur a préparé dans
son imposture, et qu'il leur apprend
chaque jour à jouer de nouveau. Sans
aller au fond des choses, comme le fait
M. Rousselot, je me bornerai à répondre que tout ce qui précède répugne
à cettè supposition. L'inventeur me
paraîtrait tout à la fois bien mal habile
de choisir pour acteurs et témoins
d'une imposture aussi extraordinaire,
des êtres pareils, et bien habile de leur

faire jouer un rôle semblable pendant deux années devant deux ou trois cent mille spectateurs successifs, observateurs, investigateurs de toute espèce, sans que ces deux enfants se soient jamais trahis en rien, une fois ou l'autre ; sans que personne ait découvert cet imposteur derrière la scène ; sans qu'une seule indiscrétion des enfants l'ait fait soupçonner ; sans qu'il en ait apparu un seul indice jusqu'à ce jour. Reste donc la première supposition, c'est-à-dire la vérité surnaturelle qui se trouve d'ailleurs très-justement confirmée :

1º Par le caractère soutenu des enfants ;

2º Par les réponses absolument au-dessus de leur âge et de leur portée, qu'ils ont faites dans les divers interrogatoires auxquels on les a soumis ;

3º Par la fidélité extraordinaire avec

laquelle ils gardent le secret qu'ils
prétendent leur avoir été confié.

Si j'étais obligé de me prononcer et
de dire *oui* ou *non* sur cette révélation,
ou que je dusse être juge à ce sujet,
sur la sincérité rigoureuse de ma
conscience, je dirais *oui* plutôt que
non, et je ne croirais pas avoir à
craindre d'être condamné au jugement
de Dieu comme coupable d'imprudence
et de légèreté. »

Ajoutons quelques considérations :
la personne que l'on accuse était à
Saint-Marcellin, qui est fort éloigné
de Corps, le 18 septembre, d'après l'attestation d'un huissier qui remit à
la personne même une assignation,
ce jour-là (et c'était pour le pays une
affaire grave qu'on n'oublie pas). Elle
a visité la Salette pour la première
fois en 1848, d'après un certificat qui
lui fut donné alors. Elle ignore com-

plètement le patois de Corps ; son
état de santé et celui de ses affaires
ne lui permettaient pas une ascension si difficile alors, si *hasardée*, si
problématique, (1). On assure qu'elle
était menacée d'une interdiction (le
fait est faux) en 1846. Et c'est le moment qu'elle choisit pour une *équi-
pée* si facile à constater d'ailleurs,
par les imprudences qu'on lui attribue?
Et précisément cette menace d'interdiction qui n'a jamais existé, mais
qu'on suppose si bien motivée, n'a-
boutit pas ! Comment pouvoir con-
quérir sa liberté par un acte de folie?
Comment n'a-t-elle pas été poursuivie
alors (2) comme le fut plus tard Ro-

---

(1) La seule vue des difficultés qu'il y avait
à surmonter pour gravir la montagne est une
réponse plus que suffisante pour résoudre bien
des objections.

(2) On était sous le règne de Louis-Philippe ;

sette Tamisier, dans l'intérêt de la société, surtout s'il était si facile de démontrer sa culpabilité ! Comment comptait-elle d'abord parmi les incrédules au miracle de la Salette ? Comment enfin toute cette conduite a-t-elle échappé à l'enquête de l'autorité ecclésiastique et comment celle-ci persévère-t-elle dans son affirmation primitive ? Il y a là une supposition aussi injurieuse au caractère qu'aux lumières du clergé, et rien ne donne le droit de le juger aussi mal.

La famille de Mlle de L... déclare que cette personne est aussi franche que vertueuse, et tout à fait incapable de la mauvaise action qu'on lui attribue. Quant à ses aveux préten-

son gouvernement n'eût-il pas été bien aise de trouver une occasion d'humilier le clergé qui lui faisait opposition en demandant la liberté d'enseignement !

dus ; ils sont démentis par l'ecclésiastique respectable qui en aurait
été témoin. Il y a là une erreur semblable à celle qui avait eu lieu au sujet
de M. le curé d'Ars. On aurait bien
souvent de la peine à répondre à
toutes les questions que nous avons
posées ; mais on peut consulter pour
plus amples informations l'excellent
résumé des plaidoyers *pour et contre*, prononcés dans cette affaire où
M. Jules Favre surtout a montré tant
d'éloquence et d'impartialité.

Après les deux mandements de
Mgr de Bruillard, ancien évêque de
Grenoble, il est une pièce que nous
ne pouvons passer sous silence, et
que paraissent ignorer tant d'adversaires de la Salette. C'est le beau
mandement de Mgr Ginouilhac, évêque actuel de Grenoble, où le prélat
répond aux injustes accusations dont

son administration a été l'objet à l'occasion de la Salette. Il examine les
textes primitifs du récit des deux bergers et il les justifie du reproche de
contradiction; il prouve également à
quoi il faut s'en tenir sur le prétendu
aveu de Maximin auprès de M. le
curé d'Ars. Il démontre aussi que de la
conduite ultérieure des enfants on ne
pourrait rien conclure contre le miracle de la Salette pas plus que des
machinations politiques auxquelles ils
ont été en butte, et des interprétations
arbitraires qu'on donne à leurs paroles. Il parle des réponses pleines
de sagesse des deux témoins, lorsqu'il
s'agit de l'apparition qu'ils étaient
bien capables de constater mais non
d'inventer. Ces réponses font un frap-
pant contraste avec la conduite des
deux enfants. Mgr parle aussi de la
liberté dont ils ont joui et des épreuves

délicates qu'on leur a fait subir. Il
reconnaît plusieurs miracles qui ont
eu lieu par l'invocation de Notre-
Dame de la Salette, et qui sont des
preuves directes, selon lui, en faveur
de l'apparition. Enfin il est question de quelques prétendues prophé-
ties et nouvelles apparitions qui auraient eu lieu après l'événement de
la Salette. Mgr fait justice de ces circonstances par lesquelles on a voulu
combattre l'apparition véritable, mais
qui la mettent en réalité bien plus
en relief par les différences qui sont
entre elles et qui les distinguent. Sa
Grandeur prouve la légitimité de ses
droits, et il indique noblement la conduite qu'elle a tenu pour s'assurer de
la vérité et répondre à l'attente des fidèles en les sauvegardant d'une erreur. Elle indique aussi la conduite
qu'elle tiendrait avec empressement

si elle venait à découvrir un mensonge ; tant elle est persuadée de la
responsabilité qui pèse sur elle dans
toute cette grave affaire. Monseigneur
fait aussi quelques observations au
sujet du fameux costume de Mlle de
Lamerlière qui était présente à Saint-
Marcellin le 18 septembre ; il parle
de la considération dont cette demoi-
selle jouit à si juste titre et il a con-
sulté des témoins qui peuvent éclaircir
les doutes et justifier complètement
aussi Mlle de Lamerlière, au sujet de
ce costume dont il a été question,
qui avait été confectionné un an et
demi après l'apparition et qui diffère
d'ailleurs beaucoup de celui de Notre-
Dame de la Salette. Monseigneur indique les rapports favorables qu'il a
eus avec Rome au sujet de cette affaire,
et il condamne formellement les adversaires du miracle en question. Il

nous est donc permis de conclure avec Mgr l'évêque de Grenoble, prélat dont la haute science, la vertu et le mérite sont si bien appréciés dans l'Eglise :

« En dehors de l'intervention miraculeuse, de l'interprétation surnaturelle, il n'y a pas de supposition qui soutienne le moindre examen. » Après ces graves paroles de l'autorité la plus haute et la plus compétente, qui oserait la contredire avec quelque apparence de raison !

IX.

Nous n'avons pas la prétention d'être théologien. Cependant, il nous sera permis de suivre quelques instants, sur le terrain de la théologie, l'habile avocat de M. l'abbé Déléon.

« Je ne sais pas, dit-il, jusqu'à quel point le sentiment religieux... a besoin de se fortifier par l'apparition de faits surnaturels, par l'intervention incessante de prodiges. Mais il y a des hommes religieux qui n'ont pas besoin de ces miracles; il y en a pour lesquels un seul suffit, c'est de voir depuis

deux mille ans la croix qui s'élève de
terre et qui la couvre, c'est de sen-
tir que, plus ils la contemplent, plus
leur cœur se purifie par l'amour du
prochain, et leur foi s'agrandit. »

Ailleurs l'éloquent orateur s'écrie :
« Nous avons le droit de nous inquiéter
en voyant propager la religion par le
secours de l'erreur. Quant à moi,
catholique imparfait, mais sincère,
en ce sens que j'ai toujours marché
dans la voie où je suis entré par mon
baptême, lorsque, par mon intelligence, je cherche à sonder quelques-
unes des mystérieuses profondeurs
que Dieu nous a révélées, si je les
comprends, je suis heureux ; si elles
échappent à ma faible raison, j'incline
ma tête avec respect, j'ouvre mon âme
et mon cœur, et cela me suffit. Je veux
que cette religion, dans le sein de laquelle j'ai vécu, et dans le sein de la-

quelle je mourrai, s'il plaît à Dieu,
grandisse ; *c'est pour cela que je re-*
pousse tous ces petits miracles. Que
sont-ils auprès de ce miracle, le plus
grand, le plus saisissant de tous, auprès de cette croix de Jésus qui, en
s'élevant de la terre, a, par un immense
amour des hommes, renversé l'escla-
vage, resserré les liens d'une fraternité
universelle, fait de la charité un devoir, et du pardon des injures, une
vertu ! Je veux, dès lors, qu'à l'époque
où nous sommes, cette sainte religion
ne reçoive pas de si misérables secours ; je veux qu'à l'époque où nous
sommes, ce ne soit pas avec des apparitions mystérieuses comme celle
de la Salette..., que la religion du
Christ se répande en civilisant le
monde... » Il y a, sans doute, beaucoup d'éloquence et de vérité dans ces
paroles ; mais le défenseur de M. l'abbé

Déléon devait avoir quelques préjugés qui l'empêchaient de saisir et la grandeur du miracle de la Salette, et les résultats si heureux de foi, de vertu, de charité, de civilisation, de retour à Dieu, qui l'ont accompagné. Celui que nous sommes si fiers d'appeler notre honorable confrère, oublie que le mystère de la croix, dont il parle si bien, fut traité de scandale par les Juifs et les païens orgueilleux, tout à fait comme l'apparition de la Salette l'est aujourd'hui. Il oublie que les faits du christianisme accomplis il y a plus de dix-huit siècles, se renouvellent tous les jours dans l'Eglise, qui continue Jésus-Christ parmi les hommes. La Bible prédit d'autres miracles que celui de la Croix, et les annales de la foi montrent, par l'accomplissement de la prophétie, que le Sauveur n'a pas cessé d'être avec son Eglise, suivant sa promesse. De ce qu'un miracle n'est pas nécessaire, s'ensuit-il qu'il soit faux et que Dieu ne puisse l'accomplir dans sa bonté? Pourquoi donc limiter les effets de la Rédemption, qui est *abondante auprès de Dieu?* Le mystère de la Croix est un miracle éclatant qui sauve le monde ; celui de la Salette étant bien moins merveilleux, n'a rien qui doive surprendre, après celui-là. Voilà ce que doit dire un homme qui marche dans la voie de son baptême. Oui, le mystère glorieux de la croix est la source de tous ces miracles de miséricorde, semblables à celui de la Salette, qui a précisément pour but de rappeler la charité du Dieu mort en croix aux hommes distraits, inattentifs ou passionnés qui l'oublient ou la méprisent ! Ah ! Monsieur, il y a là un *fait* que vous n'effacerez pas, un miracle de la tendresse maternelle de Marie, devant lequel il faut *incliner la tête, ouvrir son âme et son cœur*, comme vous le dites si bien, pour y amener la *paix, qui est la tranquillité de l'ordre*, et surtout pour y faire grandir ces vertus divines qui apportent le salut aux hommes de bonne volonté : la foi, l'espérance et la charité.

M. Bethmont nous permettra de citer les paroles suivantes, que nous lui opposons :

« Il est beau, dans le temps d'indifférence où nous vivons, il est consolant de voir une de ces scènes renouvelées des plus beaux siècles de la foi catholique. Quel enseignement que ces milliers de pèlerins laissant tout, et franchissant de grandes distances, pour venir vénérer les traces des pas de Marie, sur un rocher désert ! » (Seulement au premier anniversaire de l'ap-

parition, près de soixante mille pèlerins se sont rencontrés à la Salette).

Un avocat distingué, qui fut un
des premiers pèlerins de la Salette, ne
voyait rien de mesquin dans cette dévotion, lorsqu'il parlait ainsi en ra-
contant sa pieuse excursion au jour
anniversaire de l'apparition; et il ajoutait :

« Rien de plus curieux et de plus
touchant que le spectacle offert à nos
yeux dès que l'aube parut. La pelouse
de la route était çà et là constellée de
petites caravanes ; la sécurité de la foi
brillait sur toutes les figures ; beaucoup récitaient le chapelet, d'autres
chantaient en chœur des cantiques.
Sur les montures qui suivaient les pié-
tons, étaient hissés les malades qui
venaient demander la santé au sanctuaire de Marie ; et le regard était
égayé par l'aspect des couleurs vives

et bariolées des vêtements que portent
les femmes des montagnes, et qui res-
plendissaient aux rayons du soleil
levant.

.... Cette nature porte en elle
quelque chose de grave, de solitaire et
de profondément recueilli ; on comprend, à son aspect, que la reine des
anges ait pu choisir ces sommets pour
piédestal d'une apparition.

Jéhovah de la terre a consacré les cimes,

a dit l'auteur des *Harmonies*, et nulle
part cette consécration ne semble plus
naturelle que sur les monts de la
Salette.

.... Enfin, la cloche donne le
signal de la grand'messe (qui se célé-
brait en plein air, à cause de la multitude des pèlerins) ; un silence majes-
tueux se fit soudain parmi ces milliers
de pèlerins épars sur la montagne, et

tous vinrent se grouper sur les rampes de l'amphithéâtre que la nature formait autour de l'autel primitif. A la vue du peuple immense agenouillé, tête nue, au sein de ces grandes solitudes, sous un beau ciel de septembre, il passa dans mon être un indéfinissable frisson; je ressentis cette émotion surhumaine qu'engendre l'idée de l'infini; je me crus transporté à ces grandes scènes d'un autre âge, où un Pierre l'Ermite et un saint Bernard apportaient la parole divine aux masses avides qui se suspendaient à leurs lèvres. Je crus aussi revoir le peuple de Judée venant écouter sur la montagne les enseignements célestes du Messie. On peut défier le plus sceptique ou le plus hostile de ne pas croire au moins à la beauté de la religion en présence de pareilles choses.....

Ce fut un bien beau moment, un

moment que je me rappellerai toute
ma vie, que celui où un apôtre de la
foi, élevant sa voix puissante et pé-
nétrée, vint émouvoir et transporter
ces masses frémissantes. O saint
prêtre ! prêtre de génie ! Heureux suis-
je d'avoir entendu vos grandes paroles
dites si simplement ! Heureux suis-je
d'avoir contemplé votre visage illu-
miné par l'esprit de Dieu ! Vous aviez
bien l'éloquence du cœur, celle qui
vient d'en haut; vous avez dit de ces
choses qui remuent les hommes jusqu'au fond des entrailles. Vous ravis-
siez au niveau de votre pensée tous
les auditeurs qui vous écoutaient, jusqu'aux plus humbles, car vous aviez
cet accent inspiré qui éclaire les in-
telligences !.....

Et lorsque le prêtre prononça la
formule divine de la consécration ,
lorsque ces milliers de têtes se cour-

bèrent à la fois devant le Dieu vivant,
oh ! ce fut alors quelque chose d'inouï
et de sublime, quelque chose qui n'a
pas de nom, et la plume s'arrête im-
puissante à l'exprimer.

La messe finie, les officiants et l'assistance firent processionnellement le
tour de l'enceinte sacrée où la Sainte
Vierge se montra ; puis, chacun se dis-
persa, et, sous le coup de l'impression
qui dominait toutes les âmes, vint
fouler pieusement cette terre bénie,
témoin du miracle.

C'est ici vers cette fontaine, nous
disait-on, que la *dame* vint parler aux
petits bergers ; voilà le chemin qu'elle
suivit pour monter jusqu'à cette petite
éminence ; son pied ne touchait pas la
terre, et c'est là qu'elle disparut au
sein d'un nuage lumineux.

Nous accomplîmes avec bonheur
chacune de ces pieuses stations, et

nous contemplâmes longuement cette terre du prodige.....

Je ne sais pas si tous ceux qui ont pris part à cette belle fête en sont revenus croyants, mais, dans tous les cas, ils ont dû en revenir profondément édifiés et avec une moisson de souvenirs doux et consolants (1). »

« Le chêne montre assez par la vigueur de ses rameaux, la profondeur et la solidité de ses racines. » Ainsi, les fruits de bénédiction que nous avons indiqués au pèlerin de Notre-Dame de la Salette, lui démontrent assez la solidité de sa dévotion. Qu'il nous soit donc permis de dire à notre tour en terminant : *J'ai levé les yeux vers les montagnes d'où me viendra le secours du Seigneur.* Là, tout nous

(1) M. Simonnet, *Journal des Bons exemples*, 1852.

parle du ciel et nous apprend à l'ai-
mer ; là, nos cœurs se détachent naturellement de la terre pour s'élever
vers la demeure céleste dont ils semblent plus rapprochés ; de ces hau-
teurs sacrées coule *le fleuve impé-
tueux qui réjouit la cité de Dieu,*
en portant la fertilité dans son sein ;
et lorsque le bras de Dieu se lève
dans l'éternité et que son glaive prend
le tranchant de la foudre pour punir
nos crimes, ce sont les larmes de la
Vierge de la Salette qui tombent pour
contrepoids dans la balance où Dieu
pèse les destinées des hommes et des
peuples.

Je vous salue donc, sainte Vierge
Marie, espérance du monde, je vous
salue, Mère, ancre sûre de la miséricorde, gage de notre réconciliation,
aurore qui présage les beaux jours
où la justice et la paix doivent s'em-

brasser. O notre avocate tournez sur nous des regards favorables, et Jésus que vous tenez dans vos bras et que vous nourrissez de votre lait, ce Jésus, lorsqu'il sera irrité contre nous, rendez-le, par vos prières, plein de bonté envers ses enfants de la vallée des larmes. Souvenez-vous que plus nous sommes coupables, plus nous devenons les sujets de la miséricorde dont vous êtes établie la Reine pour nous secourir et nous protéger : En un mot, montrez-vous notre Mère, et réconciliez vos enfants de la terre avec votre Fils Jésus, le divin Rédempteur de nos âmes.

X.

APPENDICE.

A l'audience du 6 mai, la Cour a statué en ces termes sur l'appel de Mlle de Lamerlière :

« La cour,

« Attendu que la Cour n'a à statuer que sur le point de savoir si M[ile] de Lamerlière est fondée dans sa demande en dommages-intérêts qu'elle a formée contre les abbés Déléon et Cartellier, pour ce qu'ils ont dit d'elle dans les publications citées dans cette demande, ou si au contraire les abbés Déléon et Cartellier doivent être mis hors d'instance parce qu'ils ont agi de bonne foi et sans intention de lui nuire, et qu'ils ne lui ont porté aucun préjudice ;

« Attendu que, pour prononcer sur cette question, la Cour, ayant dans les documents versés au procès tous les éléments nécessaires, ce n'est pas le cas d'ordonner des enquêtes et de permettre à Mlle de Lamerlière de prouver par témoins les faits par elle articulés dans les conclusions subsidiaires qu'elle a prises devant la Cour, mais qu'il y a lieu, au contraire, de refuser cette preuve comme frustratoire et inutile ;

« Par ces motifs, et adoptant ceux exprimés par les premiers juges ;

« La Cour, ouï M. Alméras-Latour, premier avocat général, en ses conclusions motivées, sans s'arrêter aux conclusions tant principales que subsidiaires de Mlle de Lamerlière, dont elle est déboutée, met l'appellation par elle émise envers le jugement du tribunal civil de Grenoble du 2 mai 1855 au néant; confirme ledit jugement; ordonne qu'il sortira son plein et entier effet;

« Condamne l'appelante à l'amende et aux dépens. »

Nous avons donné le texte de l'arrêt rendu par la Cour d'appel de Grenoble dans le procès intenté par Mlle de Lamerlière à MM. Déléon et Cartellier. L'*Univers* publie à ce sujet la lettre suivante :

« Grenoble, le 8 mai 1857.

« Monsieur,

« Vous connaissez probablement le texte du jugement rendu mardi passé par la Cour d'appel de Grenoble en faveur de MM. Déléon et Cartellier contre Mlle de Lamerlière. Il n'est peut-être pas inutile de relever d'avance les conclusions erronées que beaucoup de personnes vont vouloir tirer de ce jugement.

« On supposera probablement, bien que la Cour ne l'ait point dit, on supposera que Mlle de Lamerlière est reconnue pour l'héroïne de l'événement de la Salette.

« Or, il n'est pas actuellement à Grenoble un homme sérieux, et dans le tribunal il n'est pas un juge qui ne sache, de manière à ne pas avoir l'ombre d'un doute à ce sujet, que Mlle de Lamerlière était à Saint-Marcellin le 18, le 19 et le 20 septembre 1846, et que par conséquent il lui a été matériellement impossible de paraître le 19 sur la montagne de la Salette.

« Remarquez bien, je vous prie,

que je ne m'occupe pas ici de ce qui concerne cet événement. Je parle uniquement du récent arrêt de la Cour.

« Mlle de Lamerlière a fait deux procès ; elle les a perdus tous les deux : mais si l'on voulait conclure de là que Mlle de Lamerlière est effectivement l'éditeur responsable de l'événement de la Salette, on se tromperait grossièrement.

« J'ai dit et je le répète qu'au su de tous les gens sérieux, Mlle de Lamerlière n'a pu être le 19 septembre 1846 sur la montagne de la Salette ; mais ce qu'il faut ajouter, ce qui est également de notoriété publique à Grenoble, c'est que, par des propos inconsidérés, Mlle de Lamerlière, toute bonne et pieuse chrétienne que je me plais à la reconnaître, a pu fournir à MM. Déléon et Cartellier des arguments propres à les défendre contre l'accusation dont ils étaient l'objet.

« Le jugement de la Cour d'appel dit donc que ces messieurs ont pu être et ont été de bonne foi, et que leurs allégations ne portent point dommage à Mlle de Lamerlière ; il ne dit rien de plus.

« Or, ce jugement sera interprété, commenté, analysé ; on y trouvera ce que les juges n'y ont pas mis, et comme le compte-rendu des plaidoiries est interdit, on lui donnera un sens qu'il ne doit pas avoir.

« C'est donc pour prémunir les esprits contre des interprétations erronées que j'ai cru devoir, Monsieur, vous adresser cette communication, et je pense, en agissant ainsi, remplir un devoir d'honnête homme et de chrétien.

« Agréez, etc.

GRAND BOULOGNE, D. M. »

« Ainsi s'explique l'arrêt prononcé par la Cour de Grenoble, dit le *Messager de l'Ouest*. Quoiqu'il nous soit interdit de reproduire les débats qui ont eu lieu devant elle, nous pouvons dire cependant qu'après les plaidoiries de Me Jules Favre pour Mlle de Lamerlière, de Me Bethmont pour M. Déléon, et de Me Farconnet pour M. Cartellier, l'avocat-général avait conclu à la condamnation de M. Déléon. La Cour a prononcé une autre décision, mais en faisant expressément remarquer qu'elle n'entendait apprécier que la bonne foi de MM. Déléon et Cartellier, et non point la vérité de leurs affirmations »

Nos lecteurs n'ont pas oublié l'arrêt prononcé par la Cour impériale de Grenoble dans le procès de Mlle de Lamerlière contre M. Déléon. Natu-

rellement, on a tiré parti de cet arrêt
contre la croyance au miracle de Notre-
Dame-de-la-Salette. Les incrédules
ont déclaré y trouver la justification
de leur incrédulité ; quelques âmes
pieuses en ont été ébranlées dans leur
foi. Pour répondre aux uns et rassurer
les autres, on nous prie de publier la
lettre suivante que Mgr. l'évêque de
Grenoble adressait, il y a quelques
jours, à un vénérable ecclésiastique :

L. Follioley.

Mgr. Ginouilliac, Evêque de Grenoble,
a M. le Curé ***

Monsieur le Curé,

« Tranquillisez-vous et tranquillisez
vos paroissiens. Personne ici ni parmi
les magistrats, qui ont prononcé l'arrêt récent dont on a fait tant de bruit,
ni parmi les gens sensés, ne croit que
c'est Mlle de Lamerlière qui a fait l'*ap-*

parition. Il y a eu preuve évidente,
dans le *cours des débats*, qu'il y avait
impossibilité physique que cette personne eût joué ce rôle ; et en fait,
qu'elle était le 19 septembre 1846 à
Saint-Marcelin, c'est-à-dire à trente
lieues de la Salette. Et cependant,
dans ces débats on n'a pas *tout* dit.
Je me charge de le faire moi-même,
pour en finir avec tous ces mensonges,
qui ici ne trompent que des sots, mais
qui, ailleurs, peuvent surprendre des
gens de bonne foi. Vous pouvez dire
hautement, monsieur le Curé, et
comme le tenant de moi, que la fable
Lamerlière est la fable la plus stupide,
la plus grossière et la plus ouverte-
ment démentie par des faits certains,
que des hommes haineux et de mauvaise foi, aient pu imaginer ; et qu'a-
voir recouru à cette supposition pour
porter atteinte au fait de l'*apparition*

de la sainte Vierge sur la montagne de la Salette, c'est montrer qu'il n'est aucune supposition raisonnable qu'on puisse opposer au miracle, et c'est par là même le confirmer.

« Si vous écrivez à votre saint Evêque, veuillez lui offrir l'hommage de mon respect et de mon entier dévoûment.

« Recevez, pour vous-même, monsieur le Curé, l'assurance de mes sentiments bien distingués. »

† M. A., Év. de Grenoble.

Grenoble, le 13 juin 1857.

On sait qu'un *indult* du Souverain Pontife permet de célébrer une fête en mémoire de l'apparition de Notre-Dame-de-la-Salette. Saint Bernard disait :

« L'Eglise ne peut célébrer la fête
de la Nativité (de Marie), sans que
cette nativité soit sainte. » On a ap-
pliqué ces paroles à l'*immaculée
conception de la Vierge* avant la défi-
nition du dogme ; on l'applique encore
à l'*Assomption*. Nous distinguons parfaitement la distance qu'il y a de ces
croyances à celle de l'apparition de la
Vierge à la Salette. Mais ne pouvons-
nous cependant dire aussi, dans un
sens réel : l'Eglise, en la personne de
son Pontife suprême, permet de célébrer la fête de l'*Apparition* ; cette
apparition est donc réelle.

Cet acte n'est-il pas une approbation de Rome, si le souverain Pontife
ne s'est pas prononcé d'une manière
officielle sur le fait en lui-même ?
Ajoutons qu'un grand nombre d'évêques ont adhéré au mandement de
Mgr. l'évêque de Grenoble sur l'ap-

parition, et qu'ils ont autorisé l'érec-
tion, dans leurs diocèses, de chapelles
à *Notre-Dame-de-la-Salette*.

« Pourquoi la distribution des faveurs célestes est-elle plus abondante
dans certains lieux que dans les autres?
C'est un mystère que nous n'avons pas
à examiner. Les desseins de la divine
sagesse surpassent infiniment la portée de nos esprits. Mais c'est un fait
constaté dans les annales de l'Eglise,
qu'il y a des lieux où Dieu se plaît à
opérer de plus grandes merveilles de
bonté, de miséricorde, et où il accorde
des grâces extraordinaires pour té-
moigner que là il veut être spéciale-
ment honoré et invoqué dans ses
saints. » (C'est ainsi que parle un respectable prélat.) Et voila, sans doute,

ce qui mérite à Notre-Dame-de-la-Salette les hommages de tant de pèlerins. Marie se plaît à répandre sur eux ses faveurs ; ils tournent vers elle leurs regards suppliants dans leurs afflictions ; à ses pieds ils vont chercher la paix et la guérison. La Vierge veille sur eux et les protège. Par ses grâces, elle gagne les esprits et les cœurs, et les conquêtes de cette aimable triomphatrice grandissent admirablement. Puissions-nous engager quelques-uns de nos lecteurs à entreprendre le pèlerinage de Notre-Dame-de-la-Salette ; ils y trouveront une grande consolation qui les convaincra de la vérité de l'apparition. Voilà un argument bien fort pour le cœur d'un vrai chrétien, et une raison supérieure à tous les raisonnements. Qu'ils veuillent bien faire une expérience qui a été si heureuse pour tant de chrétiens, et

bientôt ils rendront gloire à Dieu, et
ils obtiendront la paix promise par les
anges aux hommes de bonne volonté,
sur le berceau de Bethléem.

RÉCIT

D'UN PÈLERINAGE A LA SALETTE

EN 1854

PAR A. B. (*)

———

Le culte si doux de Marie, de tout temps cher à la France, prend, de nos jours, une faveur nouvelle. Les cœurs que la foi anime s'élèvent à Dieu dans la prospérité, et surtout dans les malheurs. La protection visible dont les Lyonnais semblent être l'objet depuis qu'un terrible fléau a sévi sur l'Eu-

———

(*) Un de nos amis nous a permis de joindre son récit, plein d'intérêt , à notre petit ouvrage qu'il complètera et dont il sera le plus bel ornement. Qu'on n'oublie pas la date de cette narration.

rope ; le danger, chaque année, sus-
pendu sur nos têtes, de voir anéantis
les produits de nos campagnes, dont
la richesse était proverbiale ; ces sentiments divers ont produit parmi nous
une sorte d'exaltation dans notre foi
et notre espérance en celle que nous
appelons le Secours des Chrétiens,
comme les marins se plaisent à l'appeler l'Étoile de la Mer. L'enthou-
siasme des Lyonnais pour la reine des
cieux, dont ils ont fêté d'une manière
si spontanée, si inouïe, l'immaculée
Conception, n'est-il pas pour quelque
chose dans cette confiance extraordinaire des populations? De toute part,
de splendides images dues au talent
de nos plus grands artistes, viennent
raviver la foi et la confiance dans les
sanctuaires vénérés par nos pères ;
mais qui eût dit, il y a un demi-siècle,
qu'une armée française prête à entrer

en campagne pour une guerre dont les
suites étaient incalculables, inaugure-
rait dans ses rangs, avec toutes les
marques d'une foi respectueuse, une
image de la Sainte Vierge, présent de
l'Empereur? A bord du vaisseau-ami-
ral, où tous les fronts étaient décou-
verts, où tous les cœurs semblaient
animés de la même croyance, était-ce
donc comme la vraie croix qui était
rendue à notre armée d'Orient, partant
pour une nouvelle croisade?

C'est bien ici le cas de s'incliner devant les décrets impénétrables de Dieu,
qui nous envoie, auxiliaires des musul-
mans, combattre, avec l'hérétique An-
gleterre, des chrétiens schismatiques
devenus les ennemis acharnés du catholicisme.

A travers tant de choses prodi-
gieuses, faut-il donc s'étonner beaucoup d'un prodige de plus?

Depuis bientôt huit ans, nous avons entendu le récit d'une apparition miraculeuse sur la montagne de la Salette. De tous côtés, des guérisons inespérées seraient attribuées à l'invocation de Marie, sous le nom de ce nouveau sanctuaire. De pieux pèlerins y affluent en grand nombre, de tous les points de la France, et même de l'étranger ; le site, disait-on, a tout ce pittoresque des hautes montagnes de la Suisse ; comment résister au désir de voir, par soi-même, le lieu où se serait passé un événement, qui, s'il est vrai, peut avoir une si immense portée ?

Si, en effet, après un mûr examen, on acquiert la conviction que le fait de la Salette n'est pas le produit du mensonge et de la fraude, comment ne pas imiter la population de cette heureuse contrée qui a, depuis lors régénéré ses mœurs et transformé, de la manière la plus complète, des habitudes irréligieuses ?...

Je venais de conduire un malade dans l'un des établissements thermaux qui enrichissent le département de l'Isère ; de Grenoble à la Salette le trajet est facile, je n'hésitai pas.

Je dois dire ici, pour ceux qui seront tentés d'accomplir le pèlerinage, que pour franchir les 63 kilomètres qui séparent Grenoble du village de Corps, ce qu'il y a de mieux à faire, est de prendre une voiture pour quatre voyageurs au moins. On part et l'on revient à six heures. Ce qui est infiniment préférable à la diligence de Gap qui offre une grande incertitude d'obtenir des places à l'aller comme au retour. Si l'on est un peu nombreux, une voiture ne coûte que six à dix francs par personne pour deux

journées qui suffisent amplement pour
accomplir le voyage.

De Corps au sommet de la montagne, on suit un sentier escarpé, plutôt
qu'un chemin, pendant 8 kilomètres
que l'on franchit sur un mulet en deux
heures et demie. Les infirmes s'y font
porter par quatre ou six hommes. Les
gens valides peuvent facilement accomplir à pied une ascension qui ne
présente nulle part le moindre danger.

Il est certain qu'un jour il y aura
de Corps à la montagne de l'apparition
une route carrossable et des omnibus.

Le 4 juillet dernier, j'arrivais à Corps
vers les cinq heures du soir, et malgré
l'incertitude du temps, cinq ecclésiastiques, compagnons de voyage
qu'un heureux hasard m'avait donnés,
et moi nous prenions résolûment notre parti de ne pas renvoyer l'ascension au lendemain. Nous fûmes bien

satisfaits de notre détermination, malgré la pluie qui ne cessa de tomber
jusqu'à notre arrivée ; le lever du soleil est un si beau spectacle sur les
hautes montagnes ! Et quel charme
n'y ajoute pas la pensée que le lieu
d'où l'on en jouit a reçu le merveilleux
privilége d'une faveur céleste !

Je dois avouer ici pourtant que je
ne suis pas arrivé au sommet de la
montagne avec cette foi robuste qui
y conduit chaque année soixante à
quatre-vingt mille pèlerins. A Lyon,
il semble qu'on soit, en général, peu
favorable au récit des bergers de la
Salette. Les gens les plus religieux
se bornent à dire : Vous êtes libre à
cet égard : il est toujours bien d'ho-
norer et de prier la Sainte Vierge.
C'était donc plutôt un acte d'examen
qu'un acte de foi que je venais accomplir.

Plus heureux que nos devanciers les pèlerins des années précédentes, nous sommes reçus dans ce que l'on peut appeler un monument. Le cloître destiné à loger les missionnaires nous offre de belles chambres, d'excellents lits au lieu des baraques en planches où il fallait naguère bivouaquer, dormir sur la paille.

La nuit était arrivée en même temps que nous; il avait donc fallu renvoyer au lendemain tout examen extérieur.

Des voix nombreuses, passablement accompagnées par un bon harmonium, nous attirent et nous entrons dans la sacristie de la nouvelle Eglise qui sert de chapelle provisoire. Malgré le mauvais temps, nous trouvons une cinquantaine de pèlerins qui chantaient avec ferveur des cantiques dont la poésie se sent un peu du provisoire du lieu. Mais qu'importe la poésie, quand la foi remplit les cœurs !

Le lendemain, longtemps avant le jour, tous les pèlerins ecclésiastiques s'étaient hâtés de célébrer les saints Mystères sur l'autel principal, comme sur deux autres autels supplémentaires, et chacun de nous avait pu satisfaire sa dévotion, quand un ciel magnifique et bientôt après un soleil splendide nous ont apporté l'assurance d'une belle journée.

Nous nous hâtons de visiter *la montagne de l'apparition*. C'est un vaste plateau de 4 à 500 mètres, un peu arrondi vers le milieu, et au pied lui-même d'une montagne assez élevée. Dans la partie nord la plus voisine du piton qui domine le plateau, existe un ravin qui sert de lit à un torrent par où s'écoulent les eaux résultant, soit des longues pluies, soit de la fonte des neiges. A côté du lit du torrent à peu près à sec tout l'été, on voit jaillir une source abondante d'une excellente eau que les gens du pays affirmèrent n'avoir été jusqu'au jour de l'apparition qu'une fontaine assez chétive, intermittente et presque complètement tarie dès qu'arrivait la sécheresse.

Or, c'est là que le 19 septembre 1846, à peu près vers le milieu du jour, Maximin Giraud et Mélanie Mathieu, tous deux nés à Corps, âgés l'un de 11 ans, l'un de 15 ans, furent témoins du fait que tous deux racontèrent, le soir même, et dont le récit, répété des milliers de fois depuis, sans qu'il s'y soit introduit aucune variante importante, a été publié dans les termes suivants (1) :

(1) Extrait du *Manuel du pèlerin à Notre Dame de la Salette*, par l'abbé Rousselot.

Le 19 septembre 1846 (c'était un samedi, veille de la *fête de Notre-Dame des Sept Douleurs*, qui, suivant le Romain, se célèbre le troisième dimanche de septembre), *Maximin et Mélanie*, conduisant leurs troupeaux, arrivent ensemble sur le plateau dit *Sous-les-Baisses*. La journée était belle, le ciel sans nuages, le soleil brillant. Vers l'heure de midi, que les deux bergers reconnaissent au son de la cloche de l'*Angelus*, ils prennent leur petit repas, traversent le petit ruisseau du *Sezia*, déposent leurs sacs près d'une fontaine, alors tarie ; et à quelques pas de là et contre leur ordinaire, disent-ils, ils s'endorment à quelque distance l'un de l'autre. *Mélanie* s'éveille la première, et, n'apercevant point ses vaches, elle éveille *Maximin*. Tous deux traversent le ruisseau, remontent le tertre opposé,

en ligne droite, se retournent et dé-
couvrent leurs vaches sur une pente
adoucie du mont Gargas. Alors ils se
mettent à redescendre pour aller re-
prendre leurs sacs, restés vers la fontaine desséchée. A peine leurs yeux
commencent-ils à se tourner de ce
côté, qu'ils sont frappés d'une clarté
éblouissante, à laquelle succède bientôt la vue d'une Dame éclatante de
lumière, assise sur les pierres de la
fontaine, dans une attitude qui indique
une profonde tristesse. Les enfants
sont saisis ; Mélanie laisse tomber
son bâton ; Maximin lui dit de le garder pour se défendre en cas de besoin.
Alors la Dame se lève, croise les bras
et leur dit :

« Avancez, mes enfants, n'ayez pas
peur ; je suis ici pour vous conter une
grande nouvelle. »

Les enfants passent le ruisseau ; la

dame s'avance vers eux jusqu'à l'endroit où ils s'étaient endormis ; elle se place entre eux, et, versant des larmes continuelles, elle leur parle ainsi :

« Si mon peuple ne veut pas se soumettre, je suis forcée de laisser aller le bras de mon Fils.

« Il est si lourd, si pesant, que je ne puis plus le retenir.

« Depuis le temps que je souffre pour vous autres ! Si je veux que mon Fils ne vous abandonne pas, je suis chargée de le prier sans cesse.

« Et pour vous autres, vous n'en faites pas cas.

« Vous aurez beau prier, beau faire, jamais vous ne pourrez récompenser la peine que j'ai prise pour vous autres.

« *Je vous ai donné six jours pour travailler, je me suis réservé le septième, et on ne veut pas me l'accor-*

der (1). C'est là ce qui appesantit tant
la main de mon Fils.

« Ceux qui conduisent les charrettes
ne savent pas jurer sans y mettre le
nom de mon Fils au milieu.

« Ce sont les deux choses qui ap-
pesantissent tant la main de mon Fils.

« Si la récolte se gâte, ce n'est rien
qu'à cause de vous autres. Je vous l'ai
fait voir l'année dernière, par les
pommes de terre; vous n'en avez pas
fait cas. C'est au contraire : quand
vous trouviez des pommes de terre
gâtées, vous juriez, vous mettiez le
nom de mon Fils. Elles vont continuer,
que cette année, pour Noël, il n'y en
aura plus. »

(1) La sainte Vierge, par cette tournure pleine
de majesté, ne parle plus seulement au nom de
son Fils; elle le fait parler lui-même. Ainsi par-
laient Moïse et les prophètes dans l'ancienne loi,
ou plutôt, ainsi faisaient-ils parler Dieu lui-
même.

Ici, les enfants ne comprenant pas
ce que la Dame veut dire par *pommes
de terre,* se regardent l'un l'autre et
se demandent ce qu'elle entend par
pommes de terre, qui, à Corps et dans
plusieurs endroits du Dauphiné, s'appellent *truffes.*

Alors la Dame reprend :

« Ah ! vous ne comprenez pas le
français, mes enfants ; attendez, *que*
je vais vous le dire autrement. »

Ici elle leur parla en patois. En voici
la traduction :

« Si la récolte se gâte, ce n'est rien
que pour vous autres ; je vous l'ai fait
voir l'année passée par les pommes de
terre ; vous n'en avez pas fait cas ;
c'était au contraire : quand vous en
trouviez de gâtées, vous juriez, vous
mettiez le nom de mon Fils. Elles vont
continuer, *que* pour la Noël il n'y en
aura plus.

« Si vous avez du blé, il ne faut pas
le semer ; tout ce que vous semerez,
les bêtes le mangeront ; ce qui viendra tombera tout en poussière, quand
vous le battrez.

« Il viendra une grande famine.
Avant que la famine vienne, les enfants au-dessous de sept ans prendront
un tremblement et mourront entre les
mains des personnes qui les tiendront ;
les autres feront pénitence par la famine.

« Les noix deviendront mauvaises,
les raisins pourriront. »

Ici, la sainte Vierge donne à Maximin, puis à Mélanie, un secret sur
lequel ces enfants sont impénétrables :
et pendant qu'elle parlait à l'un, l'autre
n'entendait rien et n'apercevait que le
mouvement des lèvres.

« S'ils se convertissent, les pierres
et les rochers se changeront en mon-

ceaux de blé ; et les pommes de terre
seront ensemencées à travers les terres.

« Faites-vous bien votre prière, mes
enfants ? »

Tous deux répondent : « Pas guère,
Madame.

« — Il faut bien la faire, mes enfants, soir et matin. Quand vous ne
pouvez pas mieux faire, dire au moins
un *Pater* et un *Ave Maria*. Et quand
vous aurez le temps, en dire davantage.

« Il ne va que quelques femmes
âgées à la messe ; les autres travaillent
le dimanche tout l'été, et l'hiver, quand
ils ne savent que faire, les garçons ne
vont à la messe que pour se moquer
de la religion. Le Carême, on va à la
boucherie comme des chiens.

« N'avez-vous pas vu du blé gâté,
mes enfants ? »

Tous deux répondent : « Oh ! non,
Madame.

« — Vous devez bien en avoir vu, vous, mon enfant (en s'adressant à Maximin), une fois vers la terre du Coin, avec votre père.

« Le maître de la pièce dit à votre père d'aller voir son blé gâté ; vous y êtes allés tous les deux. Vous prîtes deux ou trois épis de blé dans la main, vous les froissâtes, et tout tomba en poussière ; puis vous vous en retournâtes. Quand vous étiez encore à demi-heure de Corps, votre père vous donna un morceau de pain et vous dit : Tiens, mon enfant, mange encore du pain cette année ; je ne sais pas qui en mangera l'année prochaine, si le blé continue encore comme ça. »

Maximin a répondu : « Oh ! oui, Madame ; je m'en souviens à présent ; tout à l'heure je ne m'en souvenais pas. »

Après cela, la Dame leur a dit en français :

« Eh bien, mes enfants, vous le ferez passer à tout mon peuple. »

Après avoir passé le ruisseau, elle leur a répété :

« Eh bien, mes enfants, vous le ferez passer à tout mon peuple. »

Elle monta ensuite jusqu'à l'endroit d'où les enfants avaient aperçu leurs vaches. Elle marchait sans faire plier l'herbe sous ses pieds. Maximin et Mélanie la suivaient. Ensuite, s'élevant un peu au-dessus du sol, elle regarda le ciel et ensuite la terre; puis elle disparut graduellement, la tête la première, ensuite les bras, enfin les pieds, ne laissant après elle qu'une clarté de courte durée.

D'après les enfants, elle avait des souliers blancs avec des roses autour; un tablier jaune, une robe blanche

avec des perles partout : un fichu
blanc, un bonnet haut avec une cou-
ronne de roses. Elle avait une chaîne
très-petite à laquelle pendait une croix
avec son Christ; à droite de la Croix,
des tenailles, à gauche, un marteau.
Aux extrémités de la Croix, une autre
grande chaîne tombait, ainsi que des
roses, tout autour de son fichu. Elle
avait la figure blanche, allongée, et
tellement éblouissante, que les enfants
ne pouvaient la regarder longtemps. »

Ce récit d'un fait si prodigieux eût
excité une grande défiance partout
ailleurs. Mais le curé de la Salette
qui le recueillait le jour même de la
bouche de deux enfants d'une ignorance absolue qui ne pouvait être
comparée qu'à une naïveté inconci-
liable avec le degré d'astuce qu'il eût
fallu admettre pour supposer un mensonge, le curé, le lendemain diman-

che 20, à son prône, en faisait le sujet
d'une instruction pendant laquelle il
confondait ses larmes avec celles de
ses paroissiens.

Le bruit de l'apparition merveilleuse
se propage au loin ; de toutes parts on
accourt, et pendant plusieurs années
les deux jeunes bergers sont l'objet de la
curiosité générale. Avec une patience
dont rien ne peut donner l'idée, ils
consentent à répéter incessamment
leur récit ; et ces enfants dont l'incapacité était telle que tous les deux
avaient été refusés à la première Communion comme ignorant les premiers
éléments de la Religion , et les prières
les plus simples ; ces deux petits pay-
sans incultes et grossiers confondent
dans des séances sans nombre la
science des théologiens les plus ha-
biles ; forcent de s'avouer vaincus
quelques-uns de nos orateurs sacrés

les plus brillants, de nos dialecticiens
les plus consommés, qui renoncent à
mettre en défaut deux bergers dont les
réponses semblent inspirées, tant elles
contiennent de sens, et quelquefois
de finesse et d'à-propos.

Il est impossible de ne pas parta-
ger la conviction de M. l'abbé Dupanloup, devenu depuis évêque d'Orléans, quand on lit le récit de sa lutte
de quatorze heures avec le petit ignorant devant lequel le grand orateur,
l'esprit imminent et délié de l'un des
hommes dont s'honore le plus notre
clergé si riche en ce genre, est obligé
de dire : « *Je cessai une lutte inutile,*
« *je sentis que la dignité de l'enfant*
« *était plus grande que la mienne.* »
C'est que, pendant une journée tout
entière, l'éminent abbé avait employé
toutes les ressources de son intelligence et jusqu'à l'offre d'une somme

considérable en or que le hasard avait fait briller aux yeux de l'enfant pour le déterminer à lui confier son secret.

On croirait peut-être que tout le clergé de Grenoble, tous les catholiques sincères se sont empressés d'adopter et de propager le récit des bergers, faisant de l'apparition une arme d'un parti contre un autre, des hommes religieux contre les incrédules. Il en a été tout autrement, des ecclésiastiques nombreux se sont constitués les adversaires déclarés du fait de la Salette. Des écrits ont été publiés par eux aussi bien que par des hommes irréligieux, et l'apparition a eu des contradicteurs au moins aussi nombreux dans le clergé que dans les bureaux des journaux ennemis du catholicisme.

Et cependant, il faut ou que les

bergers aient été trompés ou qu'ils
soient eux-mêmes des trompeurs.

L'inspection des lieux suffit pour
convaincre que la première des deux
alternatives est absolument impossible.

Du moment qu'ils ont été en présence du personnage mystérieux, ils
n'ont plus pu devenir les objets d'une
tromperie que l'état des lieux ren-
dait impossible. « *Eh bien, dispa-*
« *raissez à mes yeux et je croirai*
« *que c'était vous,* » ont-ils répondu
plus d'une fois à l'objection que le
personnage mystérieux pouvait être
tel ou telle. On peut bien *escamo-*
ter une personne de la société au
théâtre de Conus, mais tous les pres-
tidigitateurs du monde refuseraient de
tenter l'expérience au sommet d'une
montagne et dans une prairie découverte.

Trompés! Par qui auraient-ils pu
l'être? Qui donc, sur ce sommet sauvage et désert, aurait pu concevoir la
pensée de jouer une scène dont le but
était si incertain, dont la réussite était
impossible? Car, ou il fallait des enfants intelligents pour s'assurer qu'ils
retiendraient, par un prodigieux effort
de mémoire, le long discours qu'ils
ne devaient entendre qu'une fois, ou
bien il fallait s'adresser à des esprits
bornés qui pourraient seuls être dupes
d'une manœuvre adroite ; dans l'un et
l'autre cas, impossibilité de réussir.

Trompeurs ! Il faut qu'on sache ce
qu'étaient Mélanie et Maximin. Tous
deux étaient nés, à Corps de parents
pauvres. La sœur de Mélanie men-
diait. Elle-même n'avait d'autre moyen
d'existence que de garder les vaches
chez un paysan d'un village voisin.
Maximin, trop jeune, ne s'occupait

encore à rien, quand un ami de son
père vient prier celui-ci de le lui prê-
ter pour remplacer pendant quelques
jours son berger malade. Depuis trois
jours seulement il conduisait au pâturage les vaches de ce nouveau maître,
quand a lieu l'événement du 19 septembre. C'est donc en trois jours que cet
enfant de onze ans aurait pris sa part
d'un complot si difficile qu'il faudrait
un remarquable esprit d'intelligence et
de suite pour en avoir la pensée et surtout en assurer l'exécution. Combien
de fois déjà, depuis huit ans, Mathieu
et surtout Mélanie, devenus l'un un
jeune homme de 19 ans, quoiqu'on en
ait dit, bon catholique, l'autre une
grande et belle fille de 23 ans, novice
religieuse dans la communauté de
Corps, combien de fois, dis-je, la jeune
religieuse, surtout avant d'aller à la
table de la Communion, ne serait-elle

pas allée confesser son imposture et abandonner un rôle de mensonge et de sacrilége ?

Et cependant, je l'ai vue cette jeune novice, dont toute la personne est une expression vivante de candeur et de vérité. Son regard est surtout d'une limpidité, d'une naïveté ravissantes. J'ai eu quelque peine à obtenir qu'elle consentît à paraître devant nous : tant et tant de fois elle a été soumise à cette espèce d'exhibition ! Mon titre de pèlerin de la Terre-Sainte l'a déterminée et m'a gagné sa confiance, elle m'a écouté avec intérêt; ses regards se sont fréquemment levés sur le pèlerin qui racontait les merveilles de Jérusalem, de Bethléem et du Jourdain ; à son tour, elle a parlé de l'apparition de la Salette. Eh ! bien, dire que cet air modeste, que ces yeux qui ont quelque chose d'angélique sont un

jeu, une hypocrisie coupable, c'est
admettre une chose aussi impossible
que toutes les apparitions surnatu-
relles.

Je sais bien que les hommes accou-
tumés au jeu de physionomie d'un
auteur dramatique, vont me prendre
en grande pitié et rire de ma simplicité. Mais qu'on veuille bien consi-
dérer qu'en faisant deux astucieux
hypocrites de Mélanie et de Maximin,
il faut indispensablement mettre sur
la même ligne Mgr l'évêque de Grenoble, ses grands vicaires, l'immense
majorité de son clergé, presque toute
la population religieuse des environs
qui auront, je ne sais trop pourquoi,
joué un jeu à perdre, si cela dépendait
des hommes, la religion catholique :
car il faut bien convenir que s'il n'y
avait qu'une détestable comédie dans
l'événement de la Salette, que de-

viendraient dans l'esprit public, le jour où le secret en serait trahi, tous ceux qui y auraient pris un rôle coupable?

Mais on sait avec quelle sage lenteur, avec quelle circonspection l'autorité ecclésiastique a procédé dans toute cette affaire. Huit mois après l'événement, en mai 1847, M. l'abbé Bez, de Lyon, le premier, imprimait un long récit, suivi des interrogatoires qu'il avait fait subir aux deux bergers, et, il faut le dire, à la louange de la prudence du clergé lyonnais, M. Bez trouvait ici au moins autant de doute que de foi.

Au mois d'octobre suivant, une publication de Mgr Villecourt, évêque de la Rochelle, ajoutait, aux preuves fournies par M. l'abbé Bez, l'autorité de son nom et de son caractère.

Mgr l'évêque de Grenoble avait chargé MM. Rousselot, l'un de ses grands vicaires, et Orcel, supérieur du grand séminaire, de lui adresser un rapport sur le fait prétendu miraculeux ; ce rapport avait lieu le 15 octobre 1847 ; il concluait d'une manière affirmative, et cependant ce n'était que quatre ans après, et le 19 septembre 1851, que Monseigneur de Grenoble, par un jugement doctrinal, prononcé en toute compétence, déclarait et proclamait, par un mandement, la vérité du grand événement de la Salette.

Le 1er mai 1852, un second mandement de Mgr l'évêque ordonnait la construction d'une chapelle, fixait au 25 du même mois la bénédiction de la pose de la première pierre du monument, et instituait un corps de missionnaires diocésains pour desservir le nouveau sanctuaire.

Le 30 juin suivant, un décret de

l'Empereur autorisait l'acceptation ,
par l'évêché de Grenoble, de la dona-
tion du terrain acquis par Monseigneur.

Enfin, depuis le 25 mai, jour où,
avec toute la pompe usitée en pareil
cas et au milieu d'un concours immense des populations du pays, la
première pierre a été posée, deux ans
ont suffi pour créer le saint monument
qui doit, un jour, par son étendue et
la beauté de son ordonnance architec-
turale, prendre une place distinguée
parmi les sanctuaires dus à la piété
de nos pères.

Les dépenses seront encore consi-
dérables, puisque la plupart des maté-
riaux doivent être amenés à grands
frais, et, jusqu'ici, seulement à dos de
mulets. Mais les pèlerins sont nombreux, et leurs dons achèveront ce qui
est si glorieusement commencé. Le

chœur et le premier arceau des trois
nefs sont terminés, et l'on pourra bientôt y célébrer le saint sacrifice.

Un oratoire d'une forme gracieuse
s'élève au lieu même où l'apparition
s'évanouit aux yeux des bergers, et,
tout auprès, une voûte gracieuse remplacera la couverture provisoire qui
abrite la source jadis intermittente,
aujourd'hui d'une abondance non interrompue, que les habitants du pays
n'ont pas hésité à déclarer miraculeuse.

La contradiction la plus sérieuse
peut-être qu'ait éprouvée le récit des
bergers, lui est venue d'un lieu qui
jouit à bon droit d'un immense crédit
auprès des gens pieux. Le curé d'Ars,
répète-t-on partout, dit à qui veut l'entendre, que Maximin lui a avoué que
l'apparition de la Salette était un mensonge. Voici à quoi doit se réduire
cette objection, qui perd toute sa gra-

vité, quand on sait ce qui s'est passé à Ars.

Mélanie n'y est jamais allée, et, quand il serait vrai que Maximin y eût fait et même signé une rétractation, « *oh! le malheureux!* faudrait-il « répéter avec la jeune fille, à qui on « racontait cette défection de son an- « cien compagnon, *comment a-t-il* « *pu trahir ainsi sa conscience et la* « *vérité?* »

Maximin seul avait été conduit à Ars par quelques personnes peu favorables au fait de la Salette.

A son arrivée, il fut accueilli, comme il l'a été bien des fois, par une virulente apostrophe de la part d'un ecclésiastique qui servait alors, en quelque sorte, de coadjuteur au curé d'Ars : « *C'est donc toi, fourbe et imposteur,* « *qui prétends que la sainte Vierge* « *est apparue à tes yeux?...* »

Il y a quelques années que Maximin
répondait avec calme à des allocutions
de ce genre : il restait impassible aux
reproches comme insensible à la flat-
terie et aux séductions. A Ars, son
caractère naturellement vif et emporté
s'est traduit en exclamations qu'on
s'est empressé de recueillir comme
l'expression d'une pensée franche et
spontanée : « *Eh bien! non, s'écriait-*
« *il, je n'ai rien vu sur la montagne,*
« *je suis un menteur, écrivez tout*
« *cela, j'y consens.* » Et à l'instant
un procès-verbal de cette prétendue
rétractation était écrit, signé peut-être
par Maximin, peut-être aussi par le
bon curé, qui, dit-on, signe tout ce
qu'on lui présente, sans trop s'inquiéter des conséquences. Détaché
jusqu'au sublime des choses de la
terre, que lui importe une signature
au bas d'un écrit? Pourrait-il supposer

le mal? Pourquoi refuser ce qu'on lui demande dans le but, toujours probable pour lui, de procurer le bien des âmes? Malheur à ceux qui seraient tentés d'abuser des vertus naïves d'un saint homme qui ne tient plus à la terre que pour porter les âmes au ciel!...

Voilà à quoi se réduit la *rétractation* de Maximin.

Le caractère de ce jeune homme a été aussi fort exploité par les opposants. On veut en faire un prêtre, disaient-ils, on en fera difficilement un honnête homme. Son incapacité passe tout ce qu'on pourrait dire. Tous ceux qui l'ont vu ne tarissent pas sur ses défauts. Comment pourrait-il avoir été l'instrument privilégié d'une manifestation divine?

Cette objection ressemble assez à celle des gens qui prétendaient que la sainte Vierge n'avait pas pu parler

patois, employer un style bas et trivial : comment, en effet, ne parlait-elle
pas à des bergers comme à des acadé-
miciens, et pourquoi, au lieu d'un costume un peu étrange, n'avait-elle pas
montré son corps glorieux paré suivant
les indications du journal des Modes?
Contentons-nous d'examiner le fait et
les preuves qui peuvent le constater,
et, s'il est prouvé, Dieu n'a pas besoin
que nous cherchions à justifier les
détails accessoires.

En résumé, pour croire à la possibilité de l'apparition de la Salette, il
suffit de croire à la puissance de Dieu,
qui se manifeste chaque jour par des
événements non moins prodigieux.

Le récit des bergers ne peut pas être
un produit de leur invention : leur ignorance, qui dépasse tout ce qu'on peut
imaginer quand on habite les villes,
y répugne d'une manière absolue.

Deux enfants qui n'avaient pu apprendre le Pater, étaient incapables de retenir un long discours, dont une partie en français, qu'ils ne comprenaient pas. *Je répète ce qu'elle m'a dit,* se bornaient-ils à répondre, quand on leur objectait qu'ils n'avaient pas dû comprendre les paroles de la DAME.

Les bergers ne peuvent être les instruments passifs d'un intrigant qui les aurait gagnés. Outre que la chose était physiquement impossible, puisque Maximin n'aurait eu que trois jours pour apprendre son rôle, pense-t-on que tous deux eussent résisté à toutes les attaques d'hommes éminents, qui auraient bien fini par vaincre leur fourberie? La plus simple inspection des lieux suffit pour démontrer qu'ils n'ont pu être le jouet d'une ruse habilement combinée.

Ni trompés, ni trompeurs, ces deux

bergers ne sont donc qu'une preuve de
plus de ceci : que Dieu se sert parfois
« des instruments les plus misérables
« pour produire les effets les plus
« merveilleux » (1).

(1) Les enfants ont raconté ce qu'ils ont vu et
entendu ; *une Dame leur est apparue...* mais leur
ignorance ne leur permet pas d'abord de dire si
c'est la sainte Vierge... (elle ne s'est pas nommée
à eux). Cet aveu, qui prouve leur bonne foi, est
transformé par la prévention ou la distraction, en
déclaration formelle qu'ils n'ont rien vu. De là
peut être le *malentendu* dans l'incident d'Ars ;
c'est ce qui paraît résulter d'une lettre de Mgr De-
vie. M. le curé d'Ars, lorsqu'on l'interroge sur
l'apparition, dit qu'il faut s'en rapporter au tribunal compétent, celui de l'évêque de Grenoble
qui a prononcé un jugement doctrinal non réformé à Rome et qui doit faire *autorité.* Le saint
prêtre assure que Dieu saura bien faire triompher
la vérité ; lui-même a conseillé plus d'une fois le
pèlerinage de la Salette. Une personne digne de
foi le priait de bénir de l'eau de la Salette : « Mon
enfant, qu'est il besoin de bénir ce qu'a béni la
sainte Vierge ! » répondit-il. Nous tenons cette
réponse de la personne à qui elle fut adressée.

www.ingramcontent.com/pod-product-compliance
Lightning Source LLC
Chambersburg PA
CBHW072047080426
42733CB00010B/2024